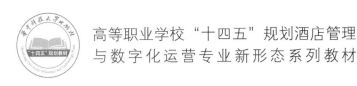

高等职业学校"十四五"规划酒店管理
与数字化运营专业新形态系列教材

民宿数字化营销

MINSU SHUZIHUA YINGXIAO

主　编：叶　敏　刘　惠　张红娜
副主编：全超智　邢宁宁　黄婉敏
参　编：庄文杰　邓志刚　陈斐斐
　　　　徐　艳　马　潇　李　婕
　　　　李　好　曾丽华

华中科技大学出版社
http://press.hust.edu.cn
中国·武汉

内 容 提 要

民宿数字化运营与管理的理论、方法和技术是本教材的主要内容。本教材具备内容前沿性、技术数字化、理实交融性，以及与行业紧密结合的特点。项目一为打造民宿数字化营销的基本功；项目二为了解民宿数字化营销技术的应用场景；项目三为掌握民宿新媒体营销方法及理论；项目四为掌握民宿数字化分销的技能；项目五为构建民宿数字化营销的能力。

通过本书，我们希望能够帮助民宿从业人员和相关专业学生掌握民宿数字化营销的基本知识和技能，以提高民宿从业者的营销能力和水平。同时，我们也希望这本书能够成为民宿从业者的得力助手，帮助民宿从业者在民宿行业中取得更好的业绩和成果。

图书在版编目(CIP)数据

民宿数字化营销/叶敏，刘惠，张红娜主编．—武汉：华中科技大学出版社，2024.1
ISBN 978-7-5772-0235-8

Ⅰ．①民… Ⅱ．①叶… ②刘… ③张… Ⅲ．①旅馆－服务业－网络营销－高等职业教育－教材 Ⅳ．①F719.2

中国国家版本馆CIP数据核字（2023）第243747号

民宿数字化营销
Minsu Shuzihua Yingxiao

叶敏　刘惠　张红娜　主编

策划编辑：李家乐
责任编辑：洪美员
封面设计：原色设计
责任校对：刘　竣
责任监印：周治超
出版发行：华中科技大学出版社（中国·武汉）　　电话：(027)81321913
　　　　　武汉市东湖新技术开发区华工科技园　　邮编：430223
录　　排：孙雅丽
印　　刷：武汉市籍缘印刷厂
开　　本：787mm×1092mm　1/16
印　　张：11.5
字　　数：245千字
版　　次：2024年1月第1版第1次印刷
定　　价：49.90元

本书若有印装质量问题，请向出版社营销中心调换
全国免费服务热线：400-6679-118　　竭诚为您服务
版权所有　侵权必究

总序

2021年,习近平总书记对全国职业教育工作作出重要指示,强调要加快构建现代职业教育体系,培养更多高素质技术技能人才、能工巧匠、大国工匠。同年,教育部对职业教育专业目录进行全面修订,并启动《职业教育专业目录(2021年)》专业简介和专业教学标准的研制工作。

新版专业目录中,高职"酒店管理"专业更名为"酒店管理与数字化运营"专业,更名意味着重大转型。我们必须围绕"数字化运营"的新要求,贯彻党中央、国务院关于加强和改进新形势下大中小学教材建设的意见,落实教育部《职业院校教材管理办法》,联合校社、校企、校校多方力量,依据行业需求和科技发展趋势,根据专业简介和教学标准,梳理酒店管理与数字化运营专业课程,更新课程内容和学习任务,加快立体化、新形态教材开发,服务于数字化、技能型社会建设。

教材体现国家意志和社会主义核心价值观,是解决培养什么样的人、如何培养人以及为谁培养人这一根本问题的重要载体,是教学的基本依据,是培养高质量优秀人才的基本保证。伴随我国高等旅游职业教育的蓬勃发展,教材建设取得了明显成果,教材种类大幅增加,教材质量不断提高,对促进高等旅游职业教育发展起到了积极作用。在2021年首届全国教材建设奖评审中,有400种职业教育与继续教育类教材获奖。其中,旅游大类获一等奖优秀教材3种、二等奖优秀教材11种,高职酒店类获奖教材有3种。当前,酒店职业教育教材同质化、散沙化和内容老化、低水平重复建设现象依然存在,难以适应现代技术、行业发展和教学改革的要求。

在信息化、数字化、智能化叠加的新时代,新形态高职酒店类教材的编写既是一项研究课题,也是一项迫切的现实任务。应根据酒店管理与数字化运营专业人才培养目标准确进行教材定位,按照应用导向、能力导向要求,优化设计教材内容结构,将工学结合、产教融合、科教融合和课程思政等理念融入教材,带入课堂。应面向多元化生源,研究酒店数字化运营的职业特点及人才培养的业务规格,突破传统教材框架,探索高职学生易于接受的学习模式和内容体系,编写体现新时代高职特色的专业教材。

我们清楚,行业中多数酒店数字化运营的应用范围仅限于前台和营销渠道,部分酒店应用了订单管理系统,但大量散落在各个部门的有关顾客和内部营运的信息数据没有得到有效分析,数字化应用呈现碎片化。高校中懂专业的数字化教师队伍和酒店里懂营运的高级技术人才是行业在数字化管理进程中的最大缺位,是推动酒店职业教育数字化转型面临的最大困难,这方面人才的培养是我们努力的方向。

高职酒店管理与数字化运营专业教材的编写是一项系统工程,涉及"三教"改革的多个层面,需要多领域高水平协同研发。华中科技大学出版社与南京旅游职业学院、广州市问途信息技术有限公司合作,在全国范围内精心组织编审、编写团队,线下召开酒店管理与数字化运营专业新形态系列教材编写研讨会,线上反复商讨每部教材的框架体例和项目内容,充分听取主编、参编老师和业界专家的意见,在此特向这些参与研讨、提供资料、推荐主编和承担编写任务的各位同仁表示衷心的感谢。

该系列教材力求体现现代酒店职业教育特点和"三教"改革的成果,突出酒店职业特色与数字化运营特点,遵循技术技能人才成长规律,坚持知识传授与技术技能培养并重,强化学生职业素养养成和专业技术积累,将专业精神、职业精神和工匠精神融入教材内容。

期待这套凝聚全国高职旅游院校多位优秀教师和行业精英智慧的教材,能够在培养我国酒店高素质、复合型技术技能人才方面发挥应有的作用,能够为高职酒店管理与数字化运营专业新形态系列教材协同建设和推广应用探出新路子。

全国旅游职业教育教学指导委员会副主任委员
南京旅游职业学院党委书记、教授　周春林

随着科技的快速发展和全球化的推进，民宿行业迎来了全新的机遇和挑战。在这个背景下，如何利用数字化工具进行有效的营销，成为每个民宿主必须面对的重要问题。本书旨在为民宿行业的从业者和相关专业的学生提供一份全面的、实用的数字化营销教程，以帮助相关从业者日后更好地进行民宿推广与营销工作。

在本书中，我们将深入探讨民宿数字化营销的各个方面，包括网络营销、新媒体营销、搜索引擎优化、数据分析和客户关系管理等。我们将从基础知识开始，逐步深入，为学习者提供最新的营销策略和技术，让学习者逐步掌握民宿数字化营销的技巧和技能。

本书的特点在于其实践性强的内容结构和丰富的案例分析。我们将结合国内外众多成功的民宿数字化营销案例，详细解析各种营销策略的实际应用和效果评估。通过这些案例，学习者可以直观地了解各种数字化营销手段的优缺点，找到适合的民宿营销方式。

此外，本书还注重理论与实践的结合。我们不仅提供了各种民宿数字化营销工具和技术的理论知识，还提供了实际操作的步骤和方法。通过本书的学习，从业者及相关专业学生可以较为轻松地进行各种民宿数字化营销活动，提高民宿的知名度和销售额。

为了综合体现本教材的专业性和实践性，本教材编写组由行业专家、高校教师和兼具理论学术与工作实践背景的多位专家组成。叶敏研究员作为主编之一，对教材思路和理论框架进行了设计研究与定稿，并组织多位有经验的高校教师和企业专家共同撰写：项目一、项目二由漳州职业技术学院邢宁宁老师撰写，项目三由惠州城市职业学院叶敏老师、广东东润农旅集团庄文杰董事长撰写，项目四由南阳职业技术学院张红娜老师撰写，项目五由广州市问途信息技术有限公司项目及教学运营负责人黄婉敏撰写，惠州城市职业学院叶敏、全超智对全书进行了统稿和文字梳理，其他老师和专家在内容校对方面提供了协助与支持。叶敏、刘惠、张红娜、全超智对教材的整体内容和质量进行了最终的审定和完善。

最后，我们希望这本书能够成为民宿从业者的良师益友。在阅读过程中，如果读者们有任何疑问或建议，请随时与我们联系。我们真诚地期待着读者们的反馈，以便不断完善我们的教材。同时，我们也欢迎读者们在实践中应用本书所讲述的内容，将理论知识转化为实际操作能力。

让我们一起，为民宿行业的繁荣和发展而努力！

致以最诚挚的敬意！

编者

目录 MULU

项目一 打造民宿数字化营销的基本功   001

任务一 市场营销与数字化营销   003
一、市场营销的概念   003
二、营销定位与营销组合   007
三、数字营销的概念   009

任务二 民宿数字化营销的背景   011
一、民宿新一代消费群体认知   011
二、民宿的信息技术变革   012
三、民宿新业态   013

任务三 民宿市场营销的组织与实施   014
一、民宿市场的客户细分   014
二、民宿的产品类型   016
三、民宿的营销渠道   018
四、民宿的促销方法   019
五、民宿产品的定价方法   022

项目二 了解民宿数字化营销技术的应用场景   029

任务一 民宿对客服务和直销平台   031
一、官网   031
二、公众号   034
三、小程序   037

四、App　039
　　五、自媒体　042
任务二　民宿直销平台的管理系统　043
　　一、SCRM 系统　043
　　二、CDP 系统　048
任务三　民宿数字化营销的采编工具　050
　　一、视觉素材相关下载网站　050
　　二、创意灵感案例　051
　　三、内容编辑工具　052

项目三　掌握民宿新媒体营销方法及理论　055

任务一　民宿新媒体营销的概念与任务　057
　　一、新媒体的概念　057
　　二、新媒体营销的主要工作任务　061
任务二　新媒体对民宿营销的作用　065
　　一、通过小红书为民宿营销　065
　　二、通过抖音短视频传播民宿品牌　067
　　三、通过淘宝直播推广民宿　068
任务三　民宿新媒体营销的主要方法　069
　　一、内容营销　069
　　二、达人营销　073
　　三、社群营销　077

项目四　掌握民宿数字化分销的技能　087

任务一　民宿数字化分销概况　089
　　一、民宿数字化分销的概念　089
　　二、OTA 模式下民宿的营销变化　090
　　三、OTA 平台介绍　094
　　四、OTA 平台在民宿中的基本应用　099

任务二　OTA平台的引流策略　　108
　一、引流的概念　　108
　二、OTA平台引流的意义　　109
　三、影响民宿在OTA平台曝光量的主要因素　　111
　四、民宿在OTA平台的引流措施　　112
任务三　OTA平台的运营策略　　118
　一、OTA平台运营的概念　　119
　二、OTA平台运营的特征　　120
　三、OTA平台运营的关键点　　121
　四、OTA平台运营措施　　123
　五、OTA平台运营过程　　127
任务四　OTA平台的声誉管理　　128
　一、OTA平台声誉管理的概念　　128
　二、OTA平台声誉管理的作用　　128
　三、OTA平台声誉管理的措施　　129
　四、OTA平台声誉管理的关键点　　129

项目五　构建民宿数字化营销的能力　　133

任务一　民宿打包产品的设计　　134
　一、认识民宿产品　　134
　二、民宿包价产品的设计　　137
　三、民宿包价产品的在线制作　　142
任务二　民宿在线商城的策划与搭建　　145
　一、民宿在线商城与微商城　　145
　二、民宿微商城的搭建　　147
任务三　民宿微信公众号的策划与搭建　　151
　一、微信菜单栏的搭建　　152
　二、微信公众平台消息互动设计　　156
　三、内容营销策略　　159
　四、微信公众平台的搭建　　162

参考文献　　169

二维码资源目录

二维码对应资源		项目	页码
知识拓展	安徽:插上"智慧翅膀"的乡村民宿更有活力	一	009
知识拓展	SCRM软件系统	二	045
知识拓展	客户建模的五大基本模型	二	049
知识拓展	建立标签体系的7个维度	二	049
知识拓展	民宿新媒体营销的五大趋势	三	064
知识拓展	你知道美团酒店的排名规则吗	四	101
知识拓展	民营OTA运营小技巧	四	121
知识拓展	千宿民宿数字化进程	四	127
知识拓展	点评管理	四	131
知识拓展	小木屋民宿	五	144

项目一
打造民宿数字化营销的基本功

 项目目标

知识目标

1. 理解市场营销的基本概念。
2. 理解营销定位和营销组合。
3. 了解民宿数字化营销的背景。
4. 掌握民宿市场营销的组织与实施。

能力目标

1. 具备民宿营销组织与实施的系统思路。
2. 能为民宿产品合理定价。
3. 能为民宿产品选择合适的销售渠道。
4. 能为民宿产品制定有效的促销策略。

职业素养目标

1. 具备行业发展的洞察力。
2. 具备与时俱进的心态。
3. 具备终身学习的能力。

知识框架

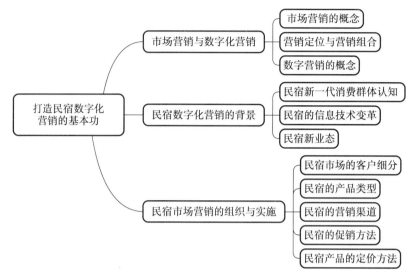

 案例导入

2019年，雅高酒店集团经营4500家不同品牌的酒店（如Ibis、Novotel、Sofitel、Mercure等），拥有员工25万名，在近100个国家都有它的身影。在对商业环境以及数字公司所带来的威胁进行研究分析后，雅高酒店集团在2014年决定展开数字化变革之旅。雅高酒店集团将公司的愿景定位为领军酒店行业，并且以此为开端，将该计划命名为"领军数字化酒店"。雅高酒店集团制定了8项数字举措开启这一旅程，每一个领域均有明确的关键绩效指标（KPI）。其中，前4项是客户导向型，第5项是员工导向型，第6项为合作伙伴导向型，第7项、第8项分别是系统导向型和数据导向型，注重基础设施技术和商业分析。数年来，雅高酒店集团在数字化变革历程中采取的数字举措包括但不限于以下几种。

1.Accorhotels.com

公司网站经过重新设计，能够为客户的整个旅程提供一个统一的平台，包括房间预订、餐厅预约、SPA预约等。客户的资料在行程的不同阶段均自动可见。网站可根据30多个国家的语言调整展示内容。

2.照片数据库

考虑到客户决定预订酒店时视觉体验的重要性，雅高酒店集团决定重建酒店、餐厅和客房的整个照片数据库。

3.TARS预约引擎

预约引擎是雅高酒店集团数字生态系统的里程碑。雅高酒店集团升级了引擎,如今每年运用该引擎处理价值55亿美元的业务,每月有2400万用户使用该引擎。该引擎支持16种语言与24种不同货币支付。每1.2秒就有新的预约产生,酒店全天候更新价格。

4.客户俱乐部和虚拟钱包

雅高酒店集团决定开发虚拟钱包,以便让客户方便快捷地支付房费和餐费。只需要点击一次,客户就能办理完入住手续(Check-in),享受雅高客户俱乐部 Le Club 服务。营运6年来,俱乐部已发展了1700万名会员。

5.预约会议设备

雅高酒店集团决定开发一个程序,方便公司和旅游经营者预订房间及会议设备,供大量参会人员召开专业会议。

6.虚拟礼宾

雅高酒店集团开发了一个程序,为其客户提供关于酒店及其设备的信息,以及城市中有趣的景点、餐馆推荐、旅行和交通等信息。

7.雅高新闻

该程序可以让客户在手机上接收报纸上的新闻,提供多种语言。

8.AccorLive

该服务能够让客户看到地区新闻、接收特殊的服务等,每月有超过200万次的页面浏览量。

9.协作

雅高酒店集团决定与猫途鹰加强合作,让客户更方便地发布自己的评价、阅读其他客户所写的评价等。

10.个性化

这是一个新程序,基于对客户具体需求和偏好的了解,它能够让酒店的员工用一种个性化的方式欢迎和接待每一位客户。

任务一　市场营销与数字化营销

一、市场营销的概念

(一)营销的主要观念

本书立足实务,以营销观念及其演变脉络为引线,对营销的有关概念进行介绍,在对营销概念进行有效解读的情况下,不对有关概念学术上的思辨以及详细的发展历史做过多解读。

课堂讨论

如下所示，请对下面涉及的营销观念进行思考并完成连线。

"我卖的就是我生产的，生产啥就卖"　　　　　　　　　产品观念

"酒香不怕巷子深"　　　　　　　　　　　　　　　　推销观念

"努力推销我们生产的，顾客就会买"　　　　　　　　市场营销观念

"顾客要什么，我们就造什么"　　　　　　　　　　　社会营销观念

"满足社会发展、顾客需求、企业发展
和员工利益四个方面的需求"　　　　　　　　　　　生产观念

1. 生产观念

生产观念是20世纪初诞生的用于指导销售者行为的较为古老的观念之一，其商业哲学或思维方法的着眼点不是立足于顾客需求，而是以企业的生产为本。典型的看法就是："我卖的就是我生产的，生产啥就卖啥。"生产观念认为，企业应立足生产，努力提高生产效率和分销能力，扩大生产，降低成本，不断开拓市场。如美国汽车大王亨利·福特曾言"无论消费者需要什么颜色的汽车，我仅有一款黑色的。"由此可见，生产观念是重生产、轻营销的一种经营理念。

生产观念的形成服务于特定的历史背景。具体而言，该观念是在卖方市场条件下形成的，在工业化初期，由于产品在市场上供不应求，生产观念在企业经营管理中受到认可，体现在企业上就是工业企业重点关注生产、忽视营销，而商业企业则把重心放在货源上，工厂生产什么就收购什么，同样不重视营销。

2. 产品观念

随着社会生产力的不断提高，经济市场的不断发展，生产观念也在不断演化发展，由此逐步形成了产品观念。产品观念认为，只要把产品做好了，消费者就会喜欢，而产品的好坏取决于产品的质量、性能等企业认为的要素，而不是基于顾客需求的标准。尽管从本质上来说，产品观念依然是以生产为重心，但是相比生产观念

而言，还是有所进步的。产品观念的产生背景是市场的主导权已经从卖方市场向买方市场转变，典型的观点就是"酒香不怕巷子深"。尽管产品观念重视对"酒"（即产品）的精益求精，但仍然对"巷子"（即顾客或市场）的关注不足。

3. 推销观念

在社会生产力大幅提高，卖方市场逐步向买方市场过渡的同时，企业所面临的机遇和挑战与日俱增，来自生存、竞争和盈利的压力或追求使得企业不得不"放下身段"，开始重视销售的作用，由此逐步形成了以推销观念为经营哲学的营销观念。该观念认为，企业的产品只有通过努力地推销才能销售出去，因而推销部门的工作重点就是运用各种可能的方法策略或手段，去引导消费者购买产品，至于消费者的体验程度、满意度等信息不是推销工作的重点。典型的观点就是"对企业生产的产品努力推销，顾客就会购买该产品"。

尽管这一推销观念相比生产观念和产品观念而言，更加注重销售的地位，但其立足点是对企业已经生产的产品进行推销，对产品与消费者关系的认识和生产观念一样，都是认为先有产品，后有消费者。可见，推销观念在本质上可以看作是生产观念的延伸，仍然是一种以生产为中心的经营理念。尽管如此，营销理念演化发展至今，销售的地位相比生产观念或产品观念而言，已经得到肯定，有了较大幅度的提高，这也为企业转变营销理念，向市场营销观念过渡创造了条件，是企业经营管理思想的一个进步。

4. 市场营销观念

市场营销的核心原则大致是在20世纪中叶基本定型的，它的发展成熟标志着企业营销理念从以生产为中心向以顾客为中心的转化。市场营销观念相比前面提到的生产观念、产品观念和推销观念而言，其销售工作所扮演的角色地位和职责范围得到大幅提高与扩大，市场营销部门成为指挥和协调企业整个生产经营活动的中心。市场营销观念涉及四个重要元素，即目标市场、消费者需求、整合营销和利润。与推销观念的以企业已经生产的产品为中心、从生产方出发、运用大量的销售手段来获取利润不同的是，市场营销观念是从目标市场出发，以整体营销为手段，以满足消费者需求为中心任务，并以此获得利润。

可见，以顾客为中心的市场营销观念的形成，从根本上改变了企业营销活动的理念原则，企业的经营活动起点和基本准则是发现市场需求和满足消费者需求。

5. 社会营销观念

随着市场营销观念的不断演化和发展，20世纪70年代，逐步形成了社会营销观念。社会营销观念是对市场营销观念的修改与补充。社会营销观念认为，企业提供任何产品或服务时，除了考虑顾客和企业利益外，还要综合考虑社会利益，实现相关者权益最大化。某奶粉事件表明，企业如果不考虑或轻视社会责任和公共利益，单纯强调市场营销观念，可能会造成人类健康受损等诸多弊病。已有研究表明，社会成本也是企业经营管理活动必须重视的要素，履行社会职责是维护企业自身利益和长远发展的一项重要工作。因此，一些富有远见的学者和企业家提出了社会营销观念，强调了现代企业应综合考虑顾客、社会、企业和员工的利益，企业效益要服从社会效益，努力做到相关者的利益最大化。

总的来说，营销观念大致经历了生产观念、产品观念、推销观念、市场营销观念、社会营销观念等几个阶段的演变，如图1-1所示。值得一提的是，营销的概念内涵相当丰富，与其有关的观念无论是理论界还是实务界都有非常丰富的论述，有关营销观念的论述也不仅局限上述介绍的几种观点，如营销大师菲利普·科特勒曾基于经济区域一体化和全球化，提出了大市场营销观念等。

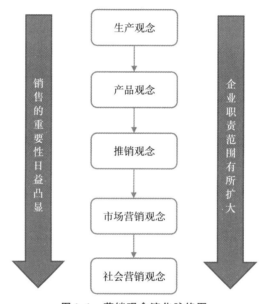

图1-1　营销观念演化脉络图

总之，营销观念是企业经营者对于企业市场活动的根本态度和看法，是企业拓展市场和提高市场营销效应的根本保证，也是一种商业哲学或思维方法。随着经济社会的不断发展，生产力的不断提高，营销观念大致经历了生产观念、产品观念、推销观念、市场营销观念、社会营销观念等阶段的发展和演变，体现了从卖方市场向买方市场的过渡。市场营销观念的逐步形成和发展，标志着以顾客为中心的营销观念的形成，这从本质上改变了企业营销活动的指导原则。

（二）市场营销的基本内涵

基于顾客为中心的营销观念，从营销的价值导向上看，营销是指个人或集体通过创造并同他人交换产品和价值，以满足需求和欲望的一种社会管理过程。企业营销活动涉及市场调研、产品开发、定价、分销广告、宣传报道、销售促进、人员推销、售后服务等多方面的工作。

二、营销定位与营销组合

(一)营销定位的概念与方法

定位(Positioning)的概念最早由杰克·特劳特等在其论文《定位:同质化时代的竞争之道》(1969)中提出。所谓定位,就是企业对未来的潜在客户的心智所下的工夫,亦即把产品定位在企业未来潜在客户的心中。

菲利普·科特勒发展了定位理论,指出定位是指企业设计出自己的产品和形象,努力在目标顾客心中确定与众不同的有价值的地位,并认为定位要确定企业准备向目标顾客强调何种差别,这些差别常常来自产品、服务、人员、渠道、形象五个方面。

菲利普·科特勒强调了定位的重要性,认为企业的营销活动都是建立在市场细分、目标市场选择和市场定位的基础上。其中,定位过程又分为识别企业竞争优势、选择合适的竞争优势、传播并送达选定的市场定位三个步骤,这就是企业在进行营销定位时可以依据的操作流程模式,如图1-2所示。

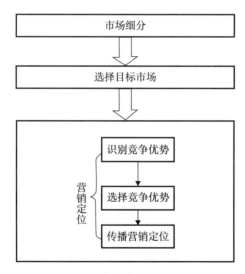

图1-2 营销定位流程模式

需要注意的是,企业的营销定位并不是营销人凭空按照其主观意志决定的,而是在综合分析市场环境及竞争态势、企业资源状况和自身能力,以及目标顾客需求特点和消费偏好后,结合自身的核心竞争优势确定的。营销定位涉及的要素和相互之间影响关系如图1-3所示。

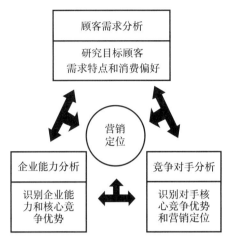

图1-3　营销定位分析模型

(二)营销组合的概念

1. 4 Ps营销组合

20世纪60年代初期,杰罗姆·麦卡锡通过研究总结出营销组合理论。他强调,市场营销应当包含4个要素,即产品(Produce)、价格(Price)、渠道(Place)、促销(Promotion),因为这4个要素的英文首写均是"P",所以也叫4Ps营销组合理论。1967年,菲利普·科特勒通过研究,对4Ps营销组合理论做出了进一步的确认。第一个P是产品策略,消费者应当将产品诉求置于首位,强调产品卖点;第二个P是价格策略,应当结合市场定位设置差异化价格,注重品牌附加值的构建与增加;第三个P是渠道策略,应当涵盖分销渠道与销售网络;第四个P是促销策略,利用宣传促销的方式,激发消费者的购买欲望,促销通常采用广告宣传、人员促销、产品宣传、公关形象宣传和营销广告等方法。

2. 7 Ps营销组合

1981年,布姆斯和比特纳结合服务的特点,指出服务性组织的营销组合战略应当在杰罗姆·麦卡锡创立的营销思想4Ps的基础上加入3个服务性的"P",即人员(Participant)、过程管理(Process Management)和有形展示(Physical Evidence),并把服务性机构的市场营销组合定义为7个要素,又称7Ps。而这7个基本要素是服务市场营销战略的重点内容,所以,在确定市场营销战略时,必须综合考量上述各不同要素的关联。其中,人员指的是人为因素。在品牌推广的流程中,人员有着非常重要的地位,必须全面关注人员的专业素养与服务质量。有形展示可以理解为对产品和服务的形象呈现,消费者能从中获得可触摸到的线索,去感受它所提供的服务。由于服务项目往往需要经过相应的程序与活动才能得到完成,服务过程的合理性与科学性会直接影响到企业的美誉度。

3. 4Cs营销组合

20世纪90年代，美国的罗伯特·劳特伯恩经过研究和论证，总结出价值性较强的4Cs营销组合理论，同样由4个要素构成，即消费者（Consumer）、成本（Cost）、便利（Convenience）、沟通（Communication）。它首先将客户需求视作中心，认为应该把追求顾客满意放在第一位，其次是降低顾客的消费成本，提高消费者的价值认同，最后尽可能提高消费者购买行为的便利性。4Cs营销组合理论以消费者为中心，强调需求侧管理。

4. 4Rs营销组合

21世纪初，美国的唐·舒尔茨在4Cs营销理论的基础上提出了关联（Relevancy）、反应（Reaction）、关系（Relation）、报酬（Reward）的4Rs营销组合理论，该理论随着营销实践的发展不断延伸出新的内涵。4Rs营销理论强调建立企业和消费者之间长久的持续关系，同时站在顾客的角度对其需求做出积极、正向的回应，主张市场中的各环节协作共赢，兼顾各方的利益，最终获得合理的回报。4Rs营销理论的最大特点是以消费者为核心整合企业和市场行为，形成与消费者的双向沟通，在与其建立持久稳定的关系过程中建立起用户对企业或品牌的忠诚度和信任感，保证长期拥有客户及稳定的收益。

知识拓展

安徽：插上"智慧翅膀"的乡村民宿更有活力

三、数字营销的概念

（一）数字营销的发展历程

数字营销经历了三个阶段，即数字营销1.0、数字营销2.0和数字营销3.0。在不同的发展阶段，数字营销的理论、应用程度、营销岗位、营销方法、营销工具都在不断发生变化。

1. 数字营销1.0时代

数字营销1.0时代是移动互联网的时代。这个时候，网民数量高速增长，流量红利推动企业营销从线下到线上。企业自建官方网站或者在电商平台上开设自营的网店，将产品信息从线下发布到线上，再通过搜索引擎营销获取潜在客户，是这个时代数字营销的主要特征。企业在数字营销方面的投入以搜索引擎营销为主。

2. 数字营销2.0时代

数字营销2.0时代是移动互联网和社交媒体的时代。这个时候，消费者掌握了主动权，内容的呈现和传播形式更加多样化，社会化营销、视频营销、社交电商营销、影响力营销是这个时代数字营销的主要特征；企业在数字营销方面的投入以社会化营销为主，包括KOL推广、微信公众号运营、短视频和直播、社群运营等。

3. 数字营销3.0时代

数字营销3.0时代是数据的时代。这个时候，由于网民增长数量减缓，流量红利时代即将结束。且流量被大型互联网平台垄断，企业获取流量成本越来越高，这使得企业开始重视建立"私域流量池"，组建团队开展运营。采集用户数据，建立360°的用户画像开展精准营销，是这个时代数字营销的主要特征。企业在数字营销方面的投入趋势逐渐面向数据中台建设、营销自动化、数据收集和整理。

(二)数字营销的概念

近年来，"数字营销"一词已成为商界的流行词。要简单地定义数字营销，其实并不容易。因为技术的快速发展不断为数字营销带来新的可能性，每天都在改变它的形状，并呈现出一种新的面貌。随着互联网和社交媒体的发展，消费者在日常生活中变得高度依赖数字术语。因此，他们期望通过不同的互联网渠道获得无缝的用户体验来搜索各种产品和服务的信息。由于新的营销技术的多样化，消费者的行为和选择都在不断变化。学界对数字营销的概念界定有很多，主要如下。

数字营销是使用数字技术创建一个集成的、有针对性的、可衡量的沟通渠道来帮助企业留住客户且建立更深关系的过程（Smith，2007）。

数字营销是使用任何数字技术来促进达成客户互动、参与和衡量的最终目标的营销过程。数字营销不仅仅是使用技术，也已经变成了一种思维方式，数字营销意味着客户参与品牌，围绕品牌创造和发展自己的内容（Zahay，2015）。

数字营销是利用互联网技术或活动，包括互联网营销、数字渠道、电子商务、社交媒体营销和移动营销来实现公司目标（Strauss等，2013）。

数字营销是一种企业与客户、合作伙伴一起，共同为所有利益相关者创造、沟通、交付和维持价值的适应性、技术驱动的过程（Kannan和Li，2017）。

数字营销是利用大数据技术对可用的、不同来源的海量数据进行收集分析和执行，以鼓励客户参与、提高营销结果和衡量内部责任的过程（马琦，2018）。

数字营销是依托大数据技术，对多平台的大量复杂结构的数据进行分析处理，为客户提供个性化的精准营销，最终实现企业营销目标的方式（闫会娟，2019）。

数字营销是由技术驱动的营销，借助于各类信息、数据技术的综合运用来实现营销（朱逸和赵楠，2021）。

可以发现，大多数学者对数字营销的定义围绕以下几点展开。

第一，数字营销是数字驱动的，使用数字技术、互联网技术来实现目标。

第二，数字营销背景下，企业通过数字渠道，如互联网、新媒体、电子商务、社交媒体等数字渠道与客户进行沟通。

第三，数字营销是多方利益群体共同努力、价值共创的过程。

第四，数字营销关注企业与客户建立更深关系的过程，即客户关系管理。

第五，数据技术推动高效的数据收集、分析与处理，提高个性化精准营销。

任务二 民宿数字化营销的背景

一、民宿新一代消费群体认知

从民宿产品消费者年龄层分布来看，2019年，40岁以下消费者占整体消费者比例达到86.2%。其中，"90后"消费者的订单量占比约58.9%，"80后"消费者占比约27.3%；到了2023年，35—39岁消费者占比仅为7%，40岁及以上消费者更是少至4%，民宿消费者主要为18—24岁的年轻人。

（一）保留乡村本真，营造现代生活

更多的"00后"消费者从小在城市长大，虽然对乡村生活充满好奇与向往，但这些并不能抵消其远离现代化生活方式的不适应，他们希望乡村民宿可以在保留乡村风土民情的同时融入现代化生活方式，让住客住得更加舒适。

（二）提前告知风险，妥善处理投诉

海边民宿、稻田民宿这种具有特色的民宿虽然风景好，但也存在着风险。住客想要在海边看日出，万一碰到了阴天没看成，说不定会给差评。稻田民宿周围生态好，有虫、有小动物，在晚上青蛙叫声此起彼伏，非常响亮，住客没有睡好还是会给差评。可是没有青蛙怎么能算是稻田民宿呢？所以民宿经营者一定要发现潜在的投诉风险，在销售时提前告知住客，减少投诉风险，同时强化投诉。

（三）注重娱乐、社交与传播

"95后""00后"等消费者猎奇心理比较强，更关注民宿的娱乐性和社交性，在此基础上希望能够体验当地的民俗文化，希望可以在民宿中做有意思的事情，需要一个小空间去释放自己。民宿既是放松空间，也是社交空间，不需要多么豪华，因此，民宿应更注重空间氛围、娱乐设施、主题风格、可打卡性、可传播性。

(四)在意孩子和宠物

"80后""90后"等消费者希望民宿多一些亲子方面的关照,让孩子能够轻松快乐不焦躁,家长才能放松、开心、不焦虑。民宿要能接受宠物,因为宠物是自己家庭不可缺少的一部分,不接受宠物的民宿,即使再喜欢也只能敬而远之,遗憾放弃。

(五)家的感觉、主题特色备受关注

民宿给人以家的感觉,带来身心放松,是住客之所以选择民宿的重要因素。例如,北京小筑民宿,接受宠物、空间设计合理、交通方便、靠近便利店、干净卫生、宽敞明亮、如亲人般的管家等,都会给住客非常好的体验感。

(六)"她经济"价值凸显,消费需求个性化

2019年,我国民宿预订中女性消费者占比为55.7%,到2023年这个数字已经提升到66%,女性用户在家庭中占据旅游消费的重要决策地位。女性消费者对旅游品质具有更高的需求,追求精神和物质的双重享受,偏爱高附加值产品,愿意为更好的服务买单,在民宿的选择上更具自主性,通常会根据旅行攻略安排行程,注重住宿中的特色与安全,更喜欢网红民宿。

  课堂讨论

作为"00后"消费者,你对民宿的需求与认知是什么呢?

二、民宿的信息技术变革

20世纪以来,信息技术快速发展,互联网日益普及,大量信息和数据被记录下来,信息传播方式和人们的生活方式发生了翻天覆地的变化,人们能够更快捷地获取信息。信息技术能够对大量数据进行采集、处理、分析,促进大数据产业的发展。信息技术也在民宿业中得到了广泛应用。

(一)专业住宿App成为民宿信息平台

某城市智慧民宿综合服务平台,形成微信公众号、移动终端App等应用平台,实现民宿主管部门、民宿经营户、旅游者三者之间的信息共享与互通交流。智慧化民宿服务综合平台功能涵盖景点门票、各类民宿价格、旅游特色餐饮、旅游活动、旅游交通等资讯,同时具有民宿线上预订、支付及评价功能,并能及时根据游客的

民宿入住登记记录统计入住率高的民宿类型，评出星级民宿酒店，实现个性化旅游线路及民宿推荐，为旅游者节约时间，方便出游。

（二）借助"云旅游"开发"云民宿"新体验

随着"旅游＋VR""旅游＋AR""旅游＋3D"等旅游新体验融合技术的广泛使用，"云旅游"逐渐兴起，作为一种全方位的旅游体验方式，衍生出"云景点""云美食""云观光""云祈祷"等多个板块，满足不同旅游者由于各种原因而无法实现旅游计划的新需求。

（三）信息技术促进民宿运营管理

民宿主可以使用酒店管理软件来轻松管理预订、房间状态、财务等信息，并使用网络平台来推广民宿。民宿因为其自身的特点，导致在经营的过程中并不能够形成规模化，在实际的经营过程中，一部分的民宿甚至只有一栋楼或者几个房间。绝大多数的民宿在经营的过程中并没有对自身的品牌进行经营，但是在现阶段网络化经济大规模发展中，商家的经营越来越透明化，并且在实际的经营过程中，用户更加相信平台所推荐的品牌民宿。在实际的民宿经营过程中，民宿主可以联合相应的平台进行自身品牌价值的营造。

（四）民宿全屋智能化

智能灯光和全屋智能语音，墙壁与光线的魅影交错，如湖面水波婀娜多姿。傍晚时分，仿佛极光就在家里，普罗旺斯的薰衣草就在面前；同时，一键切换场景，轻松控制全屋智能设备，完美实现想要的极简、治愈、高效的生活方式。另外，还载有多种智能交互设计，包括无线充电、智能感应式圆镜以及音乐浴室等，让科技走进生活，随时随地感受科技带来的便利与乐趣。

三、民宿新业态

美团民宿数据显示，2023年春节期间，聚会民宿预订量同比增长超过161%。途家民宿提供给的数据显示，"80后""90后"成为近年来民宿消费的主力，占比达50%以上。随着消费者年轻化、需求个性化趋势明显，加上民宿业竞争日趋激烈、新业态和新模式的快速更迭，为了满足复杂多变的消费需求，除了住宿，提供特色、趣味化服务也成为民宿平台的发展方向，"民宿＋"新业态持续演变。

（一）社交类民宿持续释能

从单纯的住宿到"民宿即目的地"，年轻客群更希望民宿能融合吃、住、娱，如

K歌、剧本杀、电影，以及"围炉煮茶""围炉烤肉"等。2023年春节期间，非常火爆的有"围炉煮茶"，众多民宿都把这项服务当作民宿特色招牌。据统计，"围炉煮茶"相关话题在社交分享平台上的笔记分享就近20万条，而短视频平台相关话题分享的视频播放量已超19亿次。

（二）场景化消费逐渐提升

2022年以来，"民宿＋电竞""民宿＋露营""民宿＋垂钓""民宿＋私人泡汤"等场景化消费逐渐提升，增加民宿附加值，提高竞争力，为游客提供了丰富的体验。

（三）文化体验需求增加

民宿住客希望能够体验当地文化，如2023年春节，民宿提供的写"福"字、放烟花、打糍粑等活动也受到消费者青睐。据了解，云南已探索出"民宿＋演艺""民宿＋非遗""民宿＋书屋""民宿＋民俗"等融合方式，形成了一批"民宿＋"的融合型新业态。

（四）对"世外桃源"的生活追求

民宿与酒店最大的区别就在个性化，每一家民宿出售的并非房间，而是一种原生态的生活方式。如锦里云舍是温州市永嘉县桥下镇郑山村的一座特色民宿，以日式庭院结合中式设计，室外种植果树，庭院细养绿植，独享在梯田之上的超大景观视角，可远眺云雾翻涌，可俯瞰连绵梯田，山峦起伏尽收眼底。枕山而眠、隐于云端的奇妙山居生活吸引了大批游客。运营者打造了广阔的薰衣草花田，让住客体验住宿不只是单纯地睡一觉，而是能真正感受到安逸的生活，体验美好的乡村生活。

任务三　民宿市场营销的组织与实施

一、民宿市场的客户细分

营销基础理论STP，是指从地理细分（国家、地区、城市、农村、气候、地形）、人口细分（年龄、性别、职业、收入、教育、家庭人口、家庭类型、家庭生命周期、国籍、民族、宗教、社会阶层）、心理细分（生活方式、个性）、行为细分（兴趣爱好、时机、追求利益、使用者地位、产品使用率、忠诚程度、购买准备阶段、态度）等方面细分市场。

（一）按国家细分

从国家方面，国内本地市民一般以中高端为主（如家庭出游）、商务出行居多（出差办公）或是亲子游、自驾游、自助游等。这类群体的特点就是收入较高，追求品质服务和环境氛围，注重隐私保护，并且有一定的品牌意识，能够接受新的生活方式和文化理念。外地旅客主要以中低端为主（比如学生团体、散客）。他们大多是为了休闲放松而来，对于价格比较敏感而且较为随性随意，喜欢尝试新鲜的事物或者文化习俗，但同时也希望获得更好的服务和更舒适的环境体验。境外入境人员，如外国人，这一部分的人群通常有较高的购买力，对生活质量的要求也相对更高一些。他们在旅行过程中，往往更注重享受和服务而非性价比，所以要求更高的服务质量。另外，这些人士可能也会携带家人朋友一起同行游玩。

（二）按年龄细分

民宿市场的客户按年龄细分，可分为青年、中年、老年。青年客户的特点为消费欲望强烈，购买力强，市场增长潜力大；中年客户的特点为收入高，但家庭压力大，趋于理性消费，消费欲望低；老年客户的特点是购买力强，消费重点变为旅游与休闲活动。

（三）按职业细分

民宿市场的客户职业构成复杂多样，从事各种职业的均有涉及，如教师、公务员、医生、个体户、公司职员、自由工作者、退休老人等，还有相当一部分是在校大学生或者是刚刚毕业的年轻人群。商务出差人士一般从事的是一些商业活动或是会议等活动，这些活动通常情况下都是以公司组织集体出行的方式进行采购的。所以，他们对价格并不是特别敏感，而是更看重产品的性价比和质量问题，希望能够在有限预算内获得更好的入住环境及服务设施，从而达到节约成本的目的。

（四）按心理细分

从心理角度看，作为新兴起的户外运动爱好者，"背包"一族对居住环境的舒适性提出了更高的要求，尤其是那些经常长途跋涉的朋友更加重视住房的品质和安全性能等问题。

（五）按兴趣爱好细分

从兴趣爱好角度看，如摄影"发烧友"，现在很多人喜欢拍摄照片留念，特别是一些专业摄影师们，他们会将自己在旅途中遇到的一些有趣的事情记录下来分享给更多的人，那么就需要一个合适的场所让他们可以尽情地记录下自己美好的回忆。

(六)按家庭类型细分

从家庭类型看，情侣/夫妻出游和亲子游有所差别。许多青年男女都会选择在节假日出行，在增加感情的同时，也可以丰富自己的生活经历和生活阅历，进而达到减压的目的。针对该部分的顾客来说，其主要的需求集中在住宿方面，包括酒店客房、客栈、公寓式住宅、别墅型房屋等多种类型的产品均可满足要求，但具体需要根据实际需要进行挑选。如今，越来越多的年轻父母会利用假期带着孩子出门游玩，通过这种方式培养孩子的兴趣爱好并开阔视野。很多家长也会趁此机会增进彼此的感情，促进家庭成员之间沟通交流，从而提升生活质量。此类消费者的主要关注点为儿童用品或服务类的商品和服务类产品，如玩具、食品饮料等。

课堂讨论

如表1-1所示，在你认为可以归为民宿细分市场的选项后画圈标记。

表1-1 民宿细分市场判断

类型	判断	类型	判断
年轻人		摄影爱好者	
老年人		华人	
亲子家庭		境外人士	
情侣		自由职业者	

二、民宿的产品类型

(一)住宿产品

民宿的基础功能是住宿功能，住宿产品是民宿最直接、最基础的一个产品。住宿产品的核心是房间、热水、网络、卫生、隔音等。

1. 设施设备

民宿的设施设备是指民宿的建筑设计、规模、结构以及建筑内部的设备与格局等，包括客房、餐厅、酒吧、会议室等。民宿设计是否新颖、风格是否独特、外表是否美观、安全状况如何等，都会影响客人的选择。

2. 服务

服务包括服务的内容、方式、态度、效率等。民宿所提供的服务的种类和质量是客人选择与评价酒店时的重要指标，优质的服务应体现在服务态度、服务技能、服务效率、服务理念，以及环境的舒适、安全与卫生上。

（二）民宿关联产品

关联产品是指以民宿为基础，依托所处地域的优势（大地域和小区域），以客人需求为导向而进行的产品开发。如"吃（餐饮）＋游（路线、门票、活动）＋行（租车）＋购（土特产品、伴手礼等）"，这就是民宿的附属关联产品。民宿附属关联产品具有民宿本身和其所处地域的特色。关联产品在一定程度上可以打破地域限制，提升民宿除去住宿产品外的收入。最简单、最常见的就是民宿的餐饮收入。民宿关联产品包括实体产品、体验产品、伴手礼、附加产品等。

1. 实体产品

淡季时，可以把民宿场所空间利用起来，组织主题活动，引导客流形成或者带动消费，直接产生经济价值。另外，可以提升民宿的知名度，为住宿产品带来流量。例如，民宿主如果是画家，可以定期举行艺术沙龙活动。

2. 体验产品

体验产品包括活动类体验和文化民俗类体验。活动类体验可以结合民宿或其周边地域，策划相关的活动，如农场采摘，既可以增加收入，又可以提升客人体验感。文化民俗体验类，如参加当地的民俗节日、相关文化类产品制作。

3. 伴手礼

结合客栈民宿所处地域特色，开发出具有民宿特色和地域特色的产品，如大理鲜花饼、桃花酿、丽江的腊排骨、厦门素饼等。开发民宿主或者员工的手工制品。

4. 附加产品

附加产品，即依托民宿目的地，为住客开发旅游产品，如定制化旅游路线等。

（三）资源整合产品

以共享经济作为思维导向，进行相关资源整合。以民宿为平台，根据民宿老板的行业背景及现有资源，整合其他资源，做成一个多元化产品。打破民宿作为单一住宿产品的局限，最大限度地开发民宿的价值。资源整合产品开发要以市场为导向，根据不同的消费群体特征来进行产品的相关整合。

如某个民宿位于大理，民宿主是从事教育培训这一行业。那么结合民宿主的行业背景，可以整合大理的其他资源，如大理的农场庄园等，做成一个冬令营或者夏令营产品。在这个产品中，民宿只要发挥出其住宿功能就可以。又如某个民宿位于厦门，民宿主是从事摄影行业，民宿主把住宿和摄影结合起来，做成毕业旅行产品和情侣婚纱产品，把住宿、摄影、景点门票这些资源整合在一起，既可以实现住宿产品的收益，又可以实现摄影的收益。

此外，民宿形象也是一种产品，它是指客人对设施服务、地理位置与内部环境等各种因素的印象的综合与总和。设施、服务、地理位置对民宿形象极为重要，但店名、外观、氛围等对于形象亦能起到重要作用。民宿形象可以通过宣传加以树立和改善，一家民宿的最终形象取决于客人的印象、评论、口碑等。

三、民宿的营销渠道

（一）传统媒体

传统媒体包括电视、广播、报刊以及户外广告等。在互联网的巨大冲击下，传统媒体投放的转化率降低，对于小规模和小体量的民宿来说，传统媒体投放的性价比远远低于网络渠道。

（二）新媒体

1. 各大门户网站的旅游相关板块

利用腾讯、网易、搜狐等互联网企业的旅游板块进行营销也是一种方式，它们已经做了市场细分，可以直接吸引兴趣人群，辐射到更多目标客户。新媒体渠道的转化率虽说大于传统媒体，但是在所有营销渠道中，它的性价比不是最高的，对于小体量的民宿来说，在宣传推广资金有限的情况下，还有更好的选择。

2. OTA平台

OTA平台有大住宿类平台，如携程、艺龙、去哪儿、美团、同程、驴妈妈、途牛、飞猪等，还有专门针对民宿的OTA平台Airbnb（爱彼迎）、小猪短租等，这些都能为民宿带来大量的订单。此外，攻略类平台对民宿入住率的提升也有显著的效果。OTA平台已经成为简单、直接、有效的营销渠道，是性价比较高的民宿营销渠道。

(三)自媒体推广

自媒体(We Media)是一种新型的媒体形式。从广义上来看，自媒体是指公众借助互联网技术，进行综合自我表达的新媒体传播形式；从狭义上来看，自媒体是指个人及团队通过有意识地制定传播诉求后，累积了一定影响力的主流自媒体账号。新浪微博、微信公众号、今日头条、抖音、快手、小红书、知乎等这些都是自媒体平台。自媒体平台的推广一般有如下两种选择

1. 自创品牌

自创品牌是一个漫长的过程，需要一定的时间进行内容建设、品牌沉淀和用户积累。一般情况下。其短期内见效甚微，但它的优点恰恰也在于长期的积累。我们将时间轴拉长来看，经过一定时间的品牌建设，品牌自有的自媒体平台一定是用户忠诚度、回头率较高的，且其宣传费用投入较低。

2. 与头部网红进行推广合作

与头部网红进行推广合作，利用网红的粉丝影响力、内容的传播力，可以在极短的时间内让受众产生购买的想法，投入产出比会高很多，适合用于短期性、集中性的营销推广。

四、民宿的促销方法

目前，民宿主要在OTA和自媒体两大平台上进行营销推广，通常采用基于平台的促销方法。

(一)OTA平台促销

在OTA平台上，促销活动标签和价格优惠提示大大提高了流量的转化率（据统计，转化率增加10%）。每个OTA平台都为商家设置了各种类型的促销活动，例如，天天特价、周末特惠、门店新客、开业惊喜价、节假日特惠、补贴特价、今夜甩卖、连住优惠、提前预订、限时抢购、多间立减、积分兑换、积分抵扣、付费延住、延迟退房、提前入住等，商家可根据运营时间（如淡旺季、周末、节假日等）、运营程度（如销量不达标等）来选择参加哪种促销活动。

(二)自媒体平台促销

被应用于民宿促销的自媒体平台多是抖音、小红书、微信公众号等，每个平台都有自己的促销策略，主要可以概括为如下几种。

1. 主题型大促活动

主题型大促活动包括春节、妇女节、5•20、父亲节、母亲节、教师季、中秋节等，是指在特定节日策划的活动。

2. 重量级大促活动

重量级大促活动包括6•18、8•18、双"11"、双"12"、年货节等。

3. 行业IP活动

行业IP活动如抖in生活范儿、抖in百味赏、抖in新风潮等，是指联合行业头部商家打造专场活动。

4. 主题活动

主题活动包括品牌直播排位赛、神仙抖品牌、中小商家专项活动等。

5. 优惠券

上架产品时设置优惠券，让用户领取优惠券再进行购买，用户可以感受到产品实实在在的优惠，刺激用户下单购买。

6. 满减

满减，即根据产品的价格设置不同的阶梯价格，用户为了享受到满减优惠而购买更多的产品。

7. 限时折扣

限时折扣，即限定某段时间内产品会以低价的形式进行销售。

8. 拼团

拼团，即将产品以拼团的形式低价售出。在消费者的心里，拼团是一种很优惠的方式。

9. 微信公众号营销活动

1）留言有礼

留言有礼，即根据当前的热点、最近的活动、节日准备一个话题，让用户在活动时间内留言回复图片或文本的信息，然后根据点赞的数量和其他规则选择中奖用户。

活动形式评价：操作方便、用户参与度高、可控性强。

2)晒照有礼

晒照有礼,即用户将亲子、家庭、婚纱照、风格、风景、美食、宠物等不同主题的照片,发送至微信公众号,然后企业根据活动规则选择中奖用户。

活动形式评价:具有较强的互动性,可以与运营目标相结合。

3)红包抽奖

如果说最受欢迎的礼物是什么,用户肯定会说现金红包。做微信公众号营销活动发红包很常见。企业可以设置关注抽奖或扫描二维码抽奖,并有机会获得现金红包或实物礼品。

活动形式评价:人气聚集的有效活动之一。为了加强用户与微信公众号之间的关系,建议除了微信红包奖励之外,还应该设置更多的小奖项,以确保更多的用户可以参与或获奖。

4)游戏互动有奖

现在在许多平台上,提供免费的互动游戏界面,通常类似于一些流行互动小游戏,如摇钱树、消消乐、抓娃娃、切水果、接力赛、集福等。用户在娱乐的同时也可以获得奖励。

活动形式评价:具有娱乐性,能给用户带来新鲜感,激发用户参与兴趣。

5)病毒式H5互动活动

并非每一项活动都需要奖励才能有参与度,可以参考许多"病毒式"互动活动的形式。H5营销活动有以下几种形式。

(1)H5生成:用户可以在H5页面上传照片或输入指定信息后生成有趣的海报、头像等,通过有趣或有价值的内容促进病毒式传播。

(2)测试类型:例如,智商测试、情商测试、专业学位测试、人格测试;你的照片、你和你的家人的照片、你和你的爱人的照片得分、适合度评分、相似度评分;你设置问题让你的朋友回答、测试默契、信任度等。

活动形式评价:品牌传播的有效利器,如果活动方案策划得好,很有可能成为平台有利的拉新功能之一。

6)投票评选活动

投票活动是有效的拉新活动之一,活动形式通常是比赛制。通过有机会获得大奖,吸引用户报名,然后在微信公众号拉票,中奖者根据最终投票或报名内容确定。常见的微信投票活动通常是萌宠评选大赛、优秀儿童作品、员工评比等,这些活动都是由利益驱动的,有人类的感情作为保证,还有人们的小小"虚荣心"作为支持。基本上,只要充分利用这些要素,活动的效果就会不错。

活动形式评价:投票过程不应该太复杂;需要防止刷单作弊的投票机制;如果

投票活动的目的是增加用户，那么不要忘记设置关注后才能投票的方式，投票之后还要有吸引用户的内容。

五、民宿产品的定价方法

民宿散客主要来自OTA渠道，而散客多为优质客源，是主要创收群体之一。从收益管理指标来看，利润最大化的策略之一是提高平均房价，目标是使房价在市场需求高时达到最高。

（一）差异定价法

差异定价法的实质是根据顾客的不同需求特征和价格弹性向顾客执行不同价格标准的一种策略。

1. 一级差异定价

一级差异定价，即将每一单位产品都以可能的最高价格出售，这是极端情况，现实中发生较少。

2. 二级差异定价

二级差异定价，即根据不同购买量，确定不同价格。

3. 三级差异定价

三级差异定价，即对不同市场不同消费者实行不同价格，在实行高价格的市场上获得超额利润。

收益管理的定价策略最接近三级差异定价。由于住宿类产品具有不可转移性，就需要在实行差异定价时尽量防止高价目标市场的顾客按底价标准进行购买。因此，制定有效的市场细分标准和限制条件尤为重要。

（二）以成本或利润为中心的定价法

1. 千分之一法

民宿客房的平均售价＝它造价的千分之一。此方法常被用于民宿投资新建或新民宿开业时对平均价格的估算。

例如，一家民宿每间客房的平均造价是10万元，那么每间客房的平均出租价格即为100元。运用此种方法，大概3年以后民宿可以收回投资成本，在实际的定价中可用作参考价格。

2. 成本加成法

单位产品和服务的售价＝单位产品和服务的成本＋希望得到的利润。

例如，一家民宿每间客房的平均造价是20万元，开业后该民宿每年的平均客房出租率为70%，预计在5年内收回投资成本，并获得15%的回报率，那么每间客房的出租价格应当是180元，计算方法为200000×（1+15%）/（5×365×70%）。

3. 盈亏平衡分析与目标利润定价法

计算民宿企业在盈亏平衡点的销售量和销售价格，预估保本点数据，并以此作为定价基础。民宿要能维持正常的运转，首先客房销售必须达到一定的数量，使其收入能补偿固定成本支出。此后，多余的销售收入用于补偿变动成本的支出以及实现目标利润。如果民宿的客房出租率不能达到补偿固定成本的需要，民宿就会收支不平衡，面临倒闭。盈亏平衡点销量和售价的计算方法如下：

目标利润点销售额＝（固固定成本＋目标利润）/边际贡献

盈亏平衡点销售额＝固定成本/边际贡献

边际贡献＝销售价格－变动成本（边际贡献也可以理解为产品的毛利）

有效利用此种方法，民宿必须分析客房经营管理活动的所有成本和费用，准确计算出每间客房的固定成本和变动成本，进而确认销量和售价。

（三）以竞争为中心的定价法

以竞争为中心的定价法也称随行就市法，即将自己的价格与竞争对手的价格保持一致，所以当竞争对手涨价时，跟着涨价；当竞争对手降价时，跟着降价。

首先，定位1千米内的民宿，划归竞争对手范围，顾客也更倾向于在1千米内搜索同预期类型民宿，如无民宿或数量少，则逐步扩大范围，参考竞争对手调节自身价格。民宿应以高于自身一星的民宿为参照，无论涨幅，价格均不能超过附近高一星民宿的价格。

但此种方法也存在着一定风险。

首先，自己的民宿和竞争对手民宿的成本构成未必一样，所以保持与竞争对手一致的价格未必能获得相同的利润。

其次，自己的民宿的市场地位和品牌形象未必与竞争对手一样，所以跟随竞争对手的价格变化而变化，未必能最大限度地提高自己的销售量和销售价格。比如，自己的民宿在市场中处于主导地位，而且已经接受了很多预订，如果竞争对手因预订不足而降价，自己的民宿未必要降价。相反，如果自己的民宿在市场竞争中处于劣势，没有多少现实的预订量，如果竞争对手涨价，自己的民宿也跟着涨价，很可能失去本来应得的市场份额。

最后，以竞争为中心很可能导致民宿之间的"价格战"，形成价格恶性竞争，导致本地区整体市场的损失。例如，本地所有民宿都盲目涨价，必然使本地区平均民宿价格过高，导致市场流向别的地区。如果所有民宿都降价，本地区的价格水平过低，则会引起顾客对本地民宿管理水平和服务水平的怀疑，导致订单减少。而且即使降价能吸引很多顾客，提高当地市场份额，但是本地区的利润水平却整体降低了。

（四）动态定价方法

不同顾客对价格敏感度不同、需求不同，民宿如果能够利用不同价格满足不同需求的顾客群，就能保证民宿收益的最优。收益管理通常根据供求关系的平衡点，将同一种房型设定为不同的价格。可以从影响客房需求的几个角度来思考如何进行差别定价。

1. 不同客户对象

不同客户对价格的敏感度不同，高价针对价格非敏感者细分市场，折扣价针对价格敏感者细分市场。在价格敏感细分市场，通常越低的折扣需求量越大。基于收益管理系统的需求预测结果来设定折扣水平、开放的房间数量，以保证收益最大。

如图1-4所示，收益管理系统对某种房型一周内每日的不同类型的客户需求做出预测，根据散客的需求量，商家可以改变在OTA平台上的可售房量，并根据价格敏感度预测来设定区分价格。

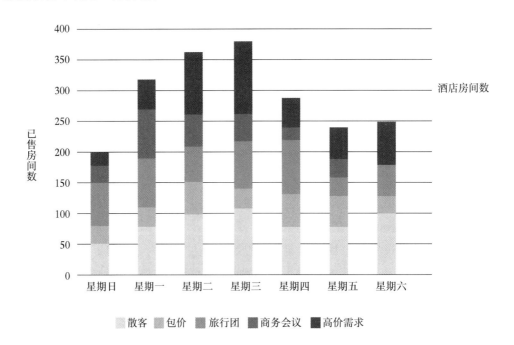

图1-4　收益管理系统预测每日的客房需求量

（图片来源:https://wenku.baidu.com/view/182ed06ea78da0116c175f0e7cd184254b351be4.html）

如表1-2所示,某民宿共有标准间50间,价格敏感区间是20元,根据收益管理需求预测及区分价格的设定结果,收益达到7470元,RevPAR为149.4元;而实际市场需求售卖客房量与收益优化结果基本一致,民宿营收7550元,RevPAR为151元。

表1-2 按细分市场价格敏感度的定价及供给房量(某日)

子类	A	B	C	D
折扣(价格)	全价(180元)	9折(160元)	8折(150元)	7折(130元)
某日实际市场需求	5	10	25	10
收益管理优化结果	4	9	25	12

如图1-5所示,原来房价的设定梯度过大,收益管理优化后,根据客房数量、标准客房的需求量,增加了两个最佳可用房价(BAR,Best Available Rate),达到了收益增长7%的效果。需要注意的是,区分性的房价不仅可以高于平均值,也可以低于平均值;不仅可以由历史数据预测得来,还可以通过人工调整的尝试性过程来获得。收益管理过程中,需整合应用软件的预测、人工尝试、丰富的经验,以达到最大收益率。

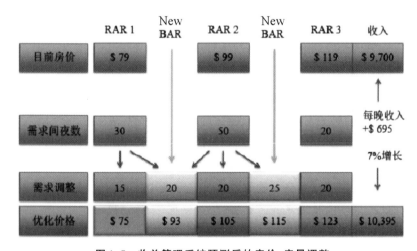

图1-5 收益管理系统预测后的房价、房量调整

2. 附加价值

房价的调整不仅要考虑客人价格的敏感度,还要保证客人的满意度。同样类型的客房,高价房如何给客人提供更高的价值,这是房价变动过程中需要考虑的问题。可以从不同客房位置、不同预订方式、不同服务方式等方面考量。通常客人可接受风景房(如海景房、全景房等)的价格更高;提前预订、临时预订、保证性预订、非保证性预订、免费取消、不可取消、限时取消、阶梯取消等不同预订方式的房价可不同,也是客人可接受的方式;高价房在提供的服务内容上可相应增加,如赠送消费品(包括欢迎水果、牛奶、饮品等)、早餐份数、洗衣服务等。

实战训练

以学生团队作为活动单位,安排学生调研OTA平台上某地区民宿营销策略,以报告的形式对民宿市场细分、民宿产品开发、民宿销售渠道、民宿促销方法、民宿定价方法等进行分析。

项目小结

基于不同的营销观念(生产观念、产品观念、推销观念、市场营销观念、社会营销观念),市场营销的内涵也随着变化,当下,将基于社会营销观念的市场营销界定为:基于顾客为中心的营销观念,从营销的价值导向上看,营销是指个人或集体通过创造并同他人交换产品和价值以满足需求和欲望的一种社会管理过程。企业营销活动涉及市场调研、产品开发、定价、分销广告、宣传报道、销售促进、人员推销、售后服务等多方面的工作。

市场定位是其他营销活动有效开展的起始。企业的营销活动都是建立在市场细分、目标市场选择和市场定位的基础上。需要注意的是,企业的营销定位并不是营销人员凭空按照其主观意志决定的,而是在综合分析市场环境及竞争态势、企业资源状况和自身能力,以及目标顾客需求特点和消费偏好后,结合自身的核心竞争优势确定的。

数字营销没有统一的概念,与传统营销比较,可以从以下几点做区分:第一,数字营销是数字驱动的,使用数字技术、互联网技术来实现目标;第二,数字营销下,企业通过数字渠道,如互联网、新媒体、电子商务、社交媒体等数字渠道与客户进行沟通;第三,数字营销是多方利益群体共同努力、价值共创的过程;第四,数字营销中关注企业与客户建立更深关系的过程,即客户关系管理;第五,数据技术推动高效的数据收集、分析与处理,提高个性化精准营销。

随着消费者年轻化、需求个性化趋势明显,加上民宿业竞争日趋激烈、新业态和新模式的快速更迭,为了满足复杂多变的消费需求,除了住宿,提供特色、趣味化服务也成为民宿平台发展方向。"民宿+"新业态也持续演变,包括社交民宿需求、场景化消费提升、文化体验需求,以及对"世外桃源"生活的追求等。

民宿市场营销的组织与实施过程包括细分市场、开发民宿产品、选择营销渠道、选择促销方法、确定定价方法等环节,实际上应用的还是传统经典的4Ps理论。细分市场可以从地理细分(国家、地区、城市、农村、气候、地形)、人口细分(年龄、性别、职业、收入、教育、家庭人口、家庭类型、家庭生命周期、国籍、民族、宗教、社会阶层)、心理细分(生活方式、个性)、行为细分(兴趣爱好、时机、追求利益、使用者地位、产品使用率、忠诚程度、购买准备阶段、态度)等方面考量,基于此,明确目标市场是营销的关键节点。

课后训练

1. 数字营销的内涵是什么?
2. 新一代年轻消费群体的需求是什么?
3. 民宿新业态有哪些?
4. 民宿市场营销组织与实施过程是什么?

项目二
了解民宿数字化营销技术的应用场景

 **项目目标**

知识目标
1. 掌握民宿直销渠道的类型、特点、评价标准。
2. 熟悉民宿数字化应用的平台管理系统。
3. 掌握一些数字化营销的采编工具。

能力目标
1. 能够对民宿的各类直销平台运营情况做出评价。
2. 能够应用工具找到需要的内容,得到创意灵感。
3. 能够应用图片、视频编辑软件。

职业素养目标
1. 具备行业发展的洞察力。
2. 具备审美与创意能力。

知识框架

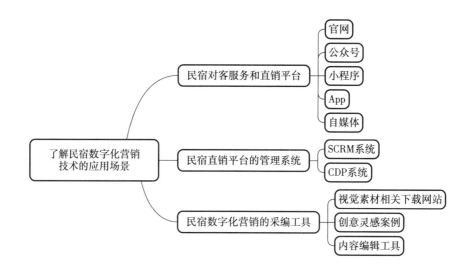

案例导入

民宿持续盈利新方法,花筑民宿这些观点值得一看

2021年12月28日,这场以"花开四季,未来可期"为主题的"年度花筑民宿线上峰会"收获5.3万次点赞,点燃了全年即将收官之际的"民宿之火"。以"线上+线下"协同形式,大会总结了2021年旅悦集团旗下花筑民宿的卓越成绩、展望2022年发展新机遇。临近全年收官,这场聚集着花筑民宿全球近1700家开业及签约门店的合作伙伴的线上盛会,回顾全年拼搏印记的同时,也带来了诸多启发和思考。

在旅悦集团平台事业部高级执行副总裁纪某看来,2021年旅悦集团在数智化提升方面开启了一场"颠覆性变革"。回顾这一年,他说:"2021年旅悦在系统研发上投入了100多名技术研发人员,以此来提升门店的营销能力和运营能力,我们就是要让数据会说话,让数据创造更大的收益价值,更好地驱动生意增长。"

通过线上运营团队的综合赋能、深度OTA规则解读以及OTA数据、市场信息和平台数据汇集而成的深入数据洞察,旅悦集团专业化线上运营团队为花筑民宿带来了超越竞争圈的"最佳策略"。旅悦集团业务中台负责人许婷婷介绍,基于以上,旅悦集团收获了一组来之不易的数字——"60%门店跑赢竞争圈20%以上，业主满意度达到90%以上，每月点评新增均分超过4.8。"

调整渠道运营方向，着力打造"SCRM私域流量体系"有多重要？随着网络媒介平台功能不断分化，想要更精准地与用户建立联系，仅仅通过精品内容打造和公域流量运营显然难以实现。旅悦集团将在2022年建立并依托"微官网"全力为私域引流，与此同时减少佣金成本，快速搭建酒店个性化自有直销平台，以达到精准管理用户、高效沉淀用户、提升复购率等效果。2022年的旅悦集团将在"获客引流、客户营销、客户转化"等方面继续深耕，开启"智能收益3.0"的新时代。2022年，旅悦集团重点将继续深耕，用系统、数据方面的优势和专业的服务，让大家省心、放心、安心。

（资料来源：东方网，《get疫情之下民宿持续盈利新方法，花筑民宿这些观点值得一看》，有整理修改。）

任务一　民宿对客服务和直销平台

一、官网

（一）民宿官网的定义、功能

民宿官网或民宿门户网站，是指民宿为了进行品牌宣传营销、网上销售等活动自建的网站，它是民宿和消费者通过互联网直接联系和沟通，并完成交易的电子网络直销渠道。

民宿通常根据自身的需求定制开发网站（见图2-1、图2-2），网站功能可划分为预订信息、产品信息、交流信息、相关旅游信息、网站管理等。

图2-1　万豪国际官方网站

图 2-2 希尔顿酒店官方网站

1. 预订信息功能

预订信息，指的是与民宿预订、预约活动相关的信息，包括房价与房态查询、实时预订、安全支付系统、查看或取消预订信息、预订政策、入住及退房时间、全球预订电话、支付方式、附加服务/特殊请求等。

2. 产品信息功能

产品信息，是对民宿软硬件设施设备、产品与服务的一般描述，包括民宿简介、民宿图片、民宿地图、民宿设施及产品、房间设施及产品、会议设施及产品、餐厅设施及产品、康体娱乐设施及产品，还有各类产品促销活动、特别推荐，以及视频、虚拟视觉体验场景等。

3. 交流信息功能

交流信息，是指能促进民宿与客户之间的直接交流的信息，包括电话号码、地址、电子邮件、联系人、传真、常见问题、留言本（或总经理信箱）、入住后调查、在线论坛、在线评论、微信号、微博信息、会员中心、招聘信息等。

4. 相关旅游信息

相关旅游信息，是指与附近环境相关的信息，包括航班交通及其他交通指南信息、目的地介绍、主要景点信息、餐厅、酒吧、附近服务机构、天气预报、购物指南、公休假日等。

5. 网站管理功能

关系到网站是否能以一种高效和有效的方式运行,以便用户访问相关和最新的信息,包括多种语言、网站信息更新、网页加载速度、网站导航、快速搜索条、网页链接、第三方登录,以及是否支持手机浏览、新闻、站内搜索等。

(二)民宿官网的特点、质量

与第三方中介平台相比,民宿官网的特点表现如下。
(1) 民宿网站被民宿自身完全控制和拥有。
(2) 民宿网站设计更具定制化和个性化。
(3) 民宿网站上的销售无须支付佣金给第三方中介。
(4) 民宿网站上的营销方式更具个性化和灵活性。

Gregoire 等(2003)借鉴电子商务领域的研究,最早将民宿网站质量定义为"网站向用户传递信息的整体有效性"。影响消费者对民宿官方网站质量评价的因素包括如下几个。

1. 有用性

有用性,是指民宿网站能否向用户提供充分的有关其产品和服务的信息,包括信息的适用性、可靠性、互动性和响应性四个方面。

适用性,是指民宿提供的信息是否能满足消费者的需求、民宿官网上的信息更新是否及时。

可靠性,是指消费者的个人信息、在线支付是否安全。

互动性,是指消费者是否可以与民宿官网客服互动聊天获得所需的特定信息。

响应性,是指民宿官网加载速度的快慢。

2. 易用性

易用性,是指用户使用民宿网站的容易程度,包括易懂性和易操作性两个方面。

易懂性,是指网站的布局与排版是否清晰明了、说明文字是否通俗易懂、各种指示标志是否一目了然。

易操作,是指网站的操作方式很容易学会。

3. 娱乐性

娱乐性,是指民宿网站使用户感到愉悦的程度,包括视觉吸引力、创新性、情绪感染力三个方面,例如,民宿网站的设计是否很美观、很新颖等。

4. 互补性

互补性，是指民宿网站作为网络直销渠道与其他销售渠道之间的互补关系，包括形象一致性、在线服务完整性、相对优势三个方面。

形象一致性，是指网站与民宿之间的形象一致，网站的形象应能代表民宿的形象。

在线服务完整性，它强调了民宿官网是否具有在线预订功能。

相对优势，体现在民宿官网自主预订是否比传统预订（如电话预订）方式更方便、与官网客服交流是否比打电话更方便等方面。

二、公众号

（一）公众号的定义与类型

目前，提到的公众号通常指的是微信公众号。微信公众号指的是个人或组织在微信公众平台上申请的账号，通过这个账号，个人或组织可通过文字、图片、语音、视频等形式与特定群体进行互动。

微信公众号主要分为三类，即微信服务号、微信订阅号和微信企业号。与微信服务号、微信订阅号不同，微信企业号是微信为企业提供的一项专门服务，旨在帮助企业、政府机关、学校、医院等企事业单位和非政府组织建立与员工、上下游合作伙伴及内部IT系统间的连接，并能有效地简化管理流程，提高信息的沟通和协同效率，提升对一线员工的服务及管理能力。微信服务号与微信订阅号也存在许多不同点，表现为以下几个方面。

（1）从运营主体来看，微信服务号的运营主体是企业或组织，不能是个人，而微信订阅号的运营主体既可是组织（主要是媒体）也可以是个人。

（2）从功能定位来看，微信服务号主要为用户提供服务、微信订阅号主要为用户提供信息，微信服务号可以申请自定义菜单，普通订阅号不支持申请自定义菜单、认证订阅号可以申请自定义菜单。

（3）从消息推送量来看，微信服务号在1个月（30天）内只能推送4条消息，而微信订阅号1天（24小时）可推送1条消息。

（4）从消息提醒来看，当微信服务号将消息推送给用户时，用户会收到消息提醒，且推送的消息会直接显示在用户的微信消息栏，微信服务号会在订阅用户（粉丝）的通讯录中，而当微信订阅号将消息推送给用户时，用户收不到消息提醒，被推送的消息也不会直接显示在用户的微信消息栏，而是被集中放入微信消息栏中的"订阅号"文件夹中。

根据发布的内容，微信公众号可以划分为以下几个类别，如表2-1所示。

表2-1 微信公众号的类别

类别	传媒资讯类	商业讯息类	生活服务类	行业知识类	政务信息类
细分	传统媒体、门户网站、自媒体等	房地产、汽车、餐饮、银行等	文化、时尚、情感、健康、公益等	教育、军事、农业、法律、科技等	党建、政府、宣传、公安、司法等
案例	人民日报 央视新闻 人民网 冯站长之家	郑州楼市 有车以后 武汉吃货 中国建设银行	读悦文摘 女人坊 点点星光 丁香医生	教育百师通 军临天下 农合论坛 法律读库	党建网微平台 中国政府网 上海发布 重庆交巡警

（资料来源：腾讯微信公众平台官网。）

根据微信公众号运营主体的不同，可以将微信公众号细分为企业类、媒体类、政务类和个人类，如表2-2所示。

表2-2 微信公众号的类别

类别	企业类	媒体类	政务类	个人类
功能	产品推广 获得利润	提供新闻资讯 独家观点	政务公开 服务便民	传播特色内容 获取关注度
案例	中国铁建 卓达集团 万达集团	澎湃新闻 人民网 刺猬公社	共产党员 中国政府网 上海发布	逻辑思维 少年商学院 石榴婆报告

（二）公众号的传播特征

关于微信公众号及公众平台传播学的研究认为，微信公众号作为微信的一个功能性平台，相比于传统媒体，具有独特的优势，表现在以下几点。

1.传播主体多元化

微信公众号的传播主体如前文所述，呈现企业、政府、媒体等组织与个人的多元主体特征。

2.传播内容形式多样化

微信公众号有原创信息与非原创信息、纯文本/图文结合、突破时间限定的语音信息、本地视频/小视频等各种内容形式，还可以通过超文本链接进入微博、微社区等互联网平台。

3.被传播对象主体能动性凸显

微信公众号传播主体自身无法选择受众进行信息推送，其信息传播的前提是受众的自主关注，这就给予了用户极大的自主权，用户可以根据自己的兴趣爱好选择关注或取消关注某一公众号。此外，用户还可以通过在线互动、留言互动、微社区互动等多种方式来评价或表达观点。

4. 传播模式的多种融合

微信公众号与用户沟通的方式分为消息推送、自动回复、一对一交流等。以微信公众号为中心，向订阅用户进行信息推送，再经用户层层转发至朋友圈，可以实现社会大范围的传播。

（三）公众号的传播效果

传播效果，通常是指带有说服动机的传播行为在受传者身上引起的心理、态度和行为的变化，以及传播活动，尤其是大众传播媒介的活动对受传者和社会所产生的一切影响和结果的总和。从相关研究的测评指标来看，测量公众号的传播效果的指标一般可以从显性和隐性两个角度考量。

1. 显性指标

阅读总数：公众号在一年内发布文章所获得的阅读总数。
平均阅读数：公众号在一年中获得的阅读总数除以发布文章的总数。
最大阅读数：公众号当期最高阅读数（数据为10万＋）。
点赞总数：公众号在一年中发布所有文章所获得的点赞总数。
平均点赞数：公众号在一年中获得的点赞总数除以发布文章总数。
最大点赞数：公众号当期最高点赞数。
WCI指数：也叫微信传播指数，它是考虑各维度数据后，通过计算推导而来的标量数值。

2. 隐性指标

内容原创度：公众号所发布的原创文章占总文章的比例。
多媒体使用度：用视频、音频、图片等多媒体形式的发文篇数/总发文篇数。
公众号发文质量：根据公众号的具体内容，对其发文质量进行综合评估。
功能拟合度：公众号在"功能介绍"中的自我定位、自我认知同其发布的内容之间的贴合程度。
趣味度：根据公众号发布的具体内容，对其趣味度进行综合评估。
从用户角度，令用户满意的微信公众号要从以下几个方面考量。
第一，用户的期望，指的是在微信公众号中获得的满足比预期的要好、在使用微信公众号中获得的益处比预期的要多。
第二，感知有用，是指微信公众号能够让用户了解最新资讯（热点问题、实时资讯等）、能够提升用户的学习、生活、工作质量（增长知识、提供生活服务、优惠活动等）。

第三，感知娱乐，是指微信公众号能够提供有趣好玩的内容、能够为用户带来学习、工作、生活的乐趣，有助于用户消磨闲暇时光。

第四，内容丰富度，是指微信公众号提供的信息种类比较齐全、信息内容丰富、表达方式多样化（图文、音频、视频等）、表达清晰明了，以及广告和营销类信息较少，提供的信息质量比较高（注重原创和专业性），信息比较真实可靠。

第五，感知服务质量，是指微信公众号的排版设计简洁大方、操作简单、易于搜索到信息、推送时间和频率比较合理、不会过多收集个人资料和隐私、提供了用户反馈意见的渠道（留言和评论等），以及对于用户所反馈的信息能够及时回应（关键字和数字回复等）。

三、小程序

（一）小程序的定义、特点

小程序（Mini Program）（见图2-3），也被称为"轻应用"（Light App），指的是以提供丰富的服务能力、释放累积用户消费潜力为功能性目标，以实现移动互联网时代的服务需求对接和内容迭代的新型样式的信息承载体和数字化展示平台。简单来说，小程序就是一种"无须安装，触手可及，用完即走，无须卸载"的应用程序，可通过扫二维码或群聊、私聊分享的方式获得。小程序具有开发成本低、用户获取成本低、用户体验佳、用户留存率高、速度快、无须适配、社交分享、易获取、出色体验、低门槛等特点。

图2-3　酒店类小程序

(二)小程序的作用

1. 线上线下相链接

小程序的媒介使用逻辑是基于用户使用场景和使用需求而建构和运行的,即通过线上、线下界面接连的方式实现人与人、人与商品、商品与商品之间的相互联通。例如,你饿了,又不想出门,可以打开微信小程序搜一搜,叫外卖就可以享用一顿美食了;你想去一家味道很不错的餐厅吃饭,排队通常要花上一个小时,你可以打开微信小程序进入那家餐厅进行点餐预约,便可精准地知道自己到店的恰当时间。

2. 与自媒体相结合

以微信公众号为例,微信公众号可以捆绑许多小程序(见图2-4),这些小程序的小程序码可以被贴到微信图文中,自制的"小程序页"可以被插到图文中,这将大大释放公众号的能量,提高流量的价值实现。例如,当商家的文案激发了用户的消费意向,相对于进入菜单栏的微店或只能进入"阅读原文"后才能点击购买链接,直接点击小程序购买会促进消费者的实际购买行为的发生。

图2-4　公众号中的小程序

3. 升级传统电商

很多传统电商没有自己的实体店,如微商、淘宝、京东、天猫等,这些电商就可以做和公众号结合在一起的小程序店铺,即利用公众号获取流量,将植入在微信图文中的小程序分享到朋友圈来内部引流,通过各类有流量的线上平台获取流量,以及通过线下场景扫码来引流。

四、App

(一)App的定义、类别与特点

App是Application的缩写,是指在手机系统上运行的应用程序软件,也称App应用程序软件。企业App,一般是指酒店集团、民宿或企业针对自己集团和企业的产品及服务而开发的直销App,能够更加快捷、方便地为消费者服务。

除了企业自有的App,很多民宿企业由于资金及人员的原因,不能够独立开发和运营App,但又希望通过互联网App的渠道吸引更多的客户了解并到自己的民宿入住,因此这类民宿企业开始通过联盟或者跨界合作的方式进行App的开发。目前,民宿企业App的类型主要包括以下几种。

1. 预订类

预订类民宿企业App主要针对的是年轻的消费群体,提供自助类型的系统直连服务,快捷、智能、科技等是其基本属性,大多数具备该App的民宿企业会有独立的管理部门进行运营维护,以确保民宿企业直销业绩的稳定性。该类App不仅包括预订、房源的选择及退房等常规服务,还具备门锁、房间内设备的控制、餐饮、闹钟提醒、客房清洁、周边美食及旅游景点推荐等服务功能。该类App的优点主要是不需要支付佣金或返利,缺点主要是同质化竞争激烈、更新维护成本较高。

2. 平台类

平台类民宿企业App一般仅提供民宿的预订、房源选择等常规服务,提供大量的民宿信息供消费者选择,可通过会员互认、输送等形式拓展民宿企业的客户群,并能够打造集订票、融资和社交于一体的服务平台;民宿企业不需要对平台进行更新维护,成本优势更加明显;但这类App的客户资源是由平台App的所有者掌握,客户对酒店的忠诚度较差,例如,携程、飞猪、去哪儿等App。

3. 联盟类

联盟类民宿企业App有着与预订类民宿企业App同样的基本属性,通过在美食、景点门票、医药及旅游分享等领域开展互动合作,例如,华住App,将集团旗下的酒店品牌整合后并与多家企业进行合作,设立专门的部门进行运作,在App上的所有酒店价格透明,杜绝了恶意的低价营销,与加盟酒店之间实现数据共享,便于消费者及会员使用同一个App即可获得多家酒店提供的服务,提高了体验的舒适度;这类App不仅可以节省开发维护费用，还能通过联盟的形式增加会员，扩大客户资源，形成较为稳定的客源；这类App适用于大中型酒店、经济型酒店、星级酒店等；但由于联盟类酒店之间存在一定的利益冲突，这种联盟类的App的稳定性较差。

4. 商城类

商城类民宿企业App除了具备预订类App的基本属性外，还能够通过对消费者的需求及消费习惯进行分析，不断挖掘消费者的消费潜力。部分App平台还提供民宿企业的排序、供求关系等资讯，提供各类商品（不仅限于民宿产品）的选择，例如，家优App通过整合线上线下的电商企业，围绕民宿商业，运用优化物流的方式拉近商家与消费者的距离，形成良好的商业生态圈。

知识链接

民宿企业App的相关知识

民宿企业App的相关知识如图2-5、表2-3所示。

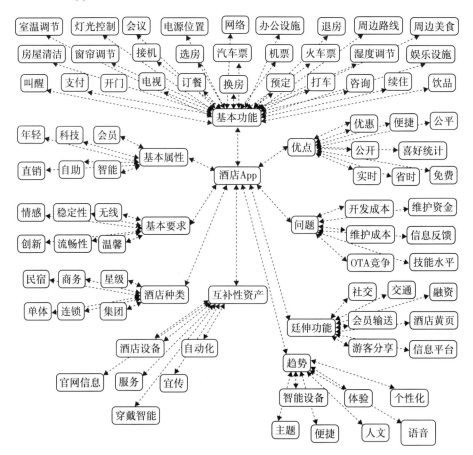

图2-5　酒店App

表2-3 经济型酒店与高档酒店

经济型酒店			高档酒店		
排名	酒店(集团)	App名称	排名	酒店(集团)	App名称
1	锦江之星	锦江旅行	1	锦江	锦江礼享
2	如家	首旅如家	2	桔子水晶	—
3	汉庭	华住	3	碧桂园凤凰	碧桂园酒店
4	7天	铂涛旅行	4	海航	—
5	格林豪泰	格林豪泰	5	金陵	金陵连锁酒店
6	速8	速8酒店	6	建国	首旅如家
7	布丁	布丁生活	7	开元大酒店	开元商祺会
8	宜必思	AccorHotels	8	维景国际	—
9	莫泰	首旅如家	9	世纪金源	—
10	尚客优	尚客优酒店	10	开元名都	开元商祺会

注:"—"表示无自营App。

(数据来源:迈点网2017年3月酒店品牌风云榜,酒店官网、安卓市场。)

(二)民宿企业App的质量评估

从消费者角度,影响民宿企业App质量的因素包括如下几个。

1.系统功能

系统功能主要包括登录、预订、订单、线上入住、退房、积分奖励计划、搜索、下载、更新等内容。

2.易用性

易用性主要是指系统的稳定性、实用性、简单操作、方便等。

3.信息/内容

信息/内容包括酒店信息、顾客评分和评论、地图、商业广告等。

4.响应性

响应性指客服响应速度。

5.视觉吸引力

视觉吸引力主要是指App界面设计的美观性和吸引性。

6. 安全性

安全性主要是指客户支付安全和客户隐私等。

五、自媒体

（一）自媒体的定义和特点

自媒体(We Media)是一种新型的媒体形式。从广义上来看，自媒体是指公众借助互联网技术，进行综合自我表达的新媒体传播形式；从狭义上来看，自媒体是指个人及团队通过有意识地制定传播诉求后，累积了一定影响力的主流自媒体账号。

与传统媒体比较，自媒体的特点表现为以下几点。

（1）从传播者上看，传统媒体强调专业化的媒介组织，但专业化、组织化并不是自媒体传播者必备的条件之一，自媒体更强调草根属性，其背后多为非专业人士的单个用户或社会团体。

（2）从传播过程来看，传统媒体属于单向性很强的传播活动，传受分离，而自媒体可以实现实时反馈，传受合一。

（3）传统媒体属于一种制度化传播，为社会政治经济文化服务，自媒体属于一定框架下的个性化传播。

（二）自媒体的类型及其特征

基于互联网技术的自媒体，信息传递媒体形式多样化，根据自媒体出现的时间和用户数量，可将自媒体划分为如下几类。

1. 博客（Blog）

博客是一种可以不定期张贴文章的网站。博客内容广泛，既可以是评论或新闻，也可以是个人的随笔或日记。例如，新浪博客中的旅游类内容多是对风景名胜古迹、小镇、特色活动、美食的记录和描述。博客内容的展现形式通常由文字和图片构成，也链接一些音乐、视频等多媒体形式，还可以链接到与主题相关的其他媒体上。博客还具有互动性，读者可以发表自己的评价或想法。

2. 微博（MicroBlog）

微博是指一种基于用户关系的信息分享、传播以及获取，通过关注机制分享简短实时信息的广播式的社交媒体、网络平台。微博的关注机制分为单向、双向两种。微博可输入若干文字和图片，更注重表达出每时每刻的思想和最新动态。

3. 微信朋友圈及公众账号

微信是一个为智能终端提供即时通信服务的免费应用程序，可发送音频、视频、图片和文字。微信朋友圈是一种具有社交属性的社交页面，通过设置权限，用户可向"朋友"发布文字、图片并分享来自公众平台的文章及外部链接，用户可以通过转发、点赞、评论建立社交联系。微信公众号是一个自媒体平台，在前文中已经做了详细描述，此处不再赘述。

根据自媒体的表现形式，自媒体还可以划分为图文自媒体、视频自媒体、音频自媒体、直播自媒体等，具体如下所述。

（1）图文自媒体以图或文字的形式展现内容，例如，微博、微信、博客、知乎、微头条等。视频自媒体有长视频、短视频、小视频之分，其中，长视频主要指电视剧、网剧等，需要专业团队打造。

（2）个人通常基于短视频平台制作短视频、小视频，如抖音、西瓜、快手等，一般在15—60秒，达到平台的条件可申请增加时长。

（3）音频自媒体主要通过语音的形式分享各种类型的内容，如喜马拉雅、企鹅FM、荔枝FM、懒人听书等。

（4）直播自媒体是随着事件的发生、发展进程同时制作和播出节目的现场播出方式，直播之前的推广预热、直播策划、直播过程的互动等是影响直播效果的因素。

任务二　民宿直销平台的管理系统

一、SCRM系统

（一）SCRM的定义、效果

社会化客户关系管理（SCRM，Social Customer Relationship Management）是在客户关系管理（CRM，Customer Relationship Management）理论基础上发展起来的，是社会化媒体与客户关系管理整合的结果（Trainor，2012），不是对传统客户关系管理的替代，它是传统客户关系管理的扩展（Askool等，2011；Yawised等，2013）。中国社会化媒体格局如图2-6所示。

图 2-6 中国社会化媒体格局

(图片来源:https://www.docin.com/p-350346521.html.)

SCRM是通过社交媒体（Social Media）与客户建立紧密联系，在社交媒体中与客户互动，并通过社交媒体，提供更快速和周到的个性化服务来吸引和保持更多的客户。CRM与SCRM的区别表现在以下几个方面，如图2-7所示。

(1) 人物上的扩展：从特定的部门转换到了所有人。

(2) 事件上的转变：从以公司为中心跳到了以客户为中心。

(3) 地点上的跳跃：从特定的渠道拓展到以客户为决定条件的多种渠道。

(4) 时间上的改变：从公司设定时段变为以客户决定时段。

(5) 原因上的调转：从单纯的一个传递调转到了相互之间的作用。

(6) 方式上的多元：从向外传递消息到向内聚集信息。

图 2-7 社会化客户关系管理的演变

社会化客户关系管理可以达成两种效果（Marjeta Marolt等，2015）：第一，客户关系绩效；第二，组织绩效（见表2-4）。

表2-4 社会化客户关系管理效果

效果/绩效	观点
顾客忠诚	社会化客户关系发展积极影响顾客忠诚（客户关系绩效）
新产品绩效	持续开发新产品是竞争优势的源泉。通过管理客户关系的员工获取顾客需求，并与新产品研发和推广整合一体，是新产品成功的关键（组织绩效）
企业声誉	有效、明确的顾客需求能影响口碑和提高企业声誉（组织绩效）
顾客终身价值	合适的顾客参与能提升顾客终身贡献的净收益（组织绩效）
对等沟通	合适的顾客激励能加强和简化顾客间的信息交换（客户关系绩效）

（资料来源：夏保国《社会化客户关系管理平台的用户依恋机制研究》。）

（二）社会化客户

社会化客户关系管理的对象是社会化客户。所谓社会化客户，指的是具有超链接性、创造性和合作性的主动型客户，他们利用社会化媒体将自身融入社会化和专业化网络，倾向于信任来自第三方的推荐，行为易受同类人、亲密社交圈的意见影响（Moore，2010；Eipriani，2005）。社会化客户在社会化媒体上一般产生四种行为（王浩，2012）。

1. 信息创造行为

信息创造行为，是在社会化媒体上通过文字、图片或视频等方式生成关于产品、品牌及企业的原创性信息。例如，民宿体验师、美食体验博主等。

2. 信息分享行为

信息分享行为，是立足于社会化媒体平台向其他社会化媒体平台和在线社会关系网络中通过分享、链接、粘贴、关注等方式转发信息。例如，旅游者在微信朋友圈、微博、抖音等平台中分享旅游过程中的当地美食、特色民宿、美景体验、购物体验等信息。

3. 信息交换行为

信息交换行为，是在社会化媒体上与企业及其他成员互动交流的行为。例如，客人在第三方中介平台或酒店官网上对住宿体验的点评或投诉。

SCRM软件系统

4. 信息干涉行为

信息干涉行为，是在社会化媒体平台主动为其他成员就产品方面答疑解惑以及与其他成员联合起来形成消费者势力的行为。例如，意见领袖、倡导者等。

根据与企业的关系，社会化客户可以分为交互型、支持型、合作型、协作型四种类型。

（1）交互型指的是在平等基础上通过互动建立关系的客户类型。

（2）支持型指的是无条件正面关注、支持和信任的客户类型。

（3）合作型指的是对话题内容具有目的性并提供信息完善和问题解决的客户类型。

（4）协作型指的是与企业或其他成员协作共同完成某一目标任务的客户类型。

（三）SCRM 的本质核心、模型

SCRM 的两个核心主体是人和话题，基于此，延伸出多个应用模型，如微细分模型、微生命周期模型、微管道模型、微忠诚模型，有效组成 SCRM 的运营体系基础。

微细分模型，即分类方法，是基于人和话题的信息进行分类。例如，价值分类是基于微价值评估后对客户进行不同级别分类；行为特征分类根据人在社会化网络中的行为特征信息来分类，按 Forrester 的分类方法分为创造者、会话者、评论者、收集者、参与者、围观者和休眠者七类。

微生命周期模型，可以分为人的生命周期模型和话题的生命周期模型，社会化网络中的人与你或企业的关系处于不同的生命周期阶段，而每一个话题也有其生命周期阶段，分析、认清生命周期曲线并有效地进行延展和激活，可以更好地提升其整体的生命周期价值。

微管道模型，关注企业在社会化网络中的销售—营销—服务的管道路径，从分享、消费者感知、转化兴趣到内部的线索等不同阶段，并设计不同业务场景下的智能话术进行话题响应，从而形成一个社会化网络与内部 CRM 相融合的微管道。

微忠诚模型，将企业的客户和会员逐步引导到社会化俱乐部中，提供积分、激励、礼品、促销等，通过客户和会员的社会化网络进行自分享、自服务和群服务，并能够吸引和推荐更多的社会化网络中的消费者进入企业的微管道。

（四）SCRM 管理体系

SCRM 借助社会化媒体营销的平台工具，企业可通过 SCRM 进行智能化的社会关系网络管理，鉴别和评估社会化网络中个体消费者的价值和需求，认知和管理个体消费者的社会化网络结构与最佳、最短路径，选择合适的社会化媒体进行适合的

交互，最终通过满足个体的个性化需求而实现社会关系的转变和忠诚。

完成上述工作任务，企业需要先建立SCRM的管理体系。

1. 企业需要建立SCRM的运营体系

企业如何进行促销、产品和知识的分享；如何进行倾听，监听关键字、品牌、竞争对手以及目标客户群的趋势、情绪、线索等信息，有效理解并进行实时回应；转换联系人进行持续经营，处理投诉建议以及激励流程；进行数据统计。

2. 建立SCRM的组织结构

例如，创建官方微博，营销、销售和客服三个业务部门参与，设置专职的微博运营和服务人员，建立企业的微博操作手册。

3. 构建SCRM的相关绩效考核指标

整体的微资产指标（海量的人、话题和互动数据），营销部分的品牌响应率、线索转换率，客服部分的响应时间和反馈周期等；社会化响应时间和社会化反馈周期。

(五) SCRM系统框架

SCRM是利用Social渠道来进行带有Social特点的CRM，其系统框架既保留了传统CRM的业务框架，又融合了社会化媒体的Social特点。

1. 多账户管理

SCRM支持企业设置多个社会化网络账户，如微信公众号、新浪微博、腾讯微博等账户，进行整合，统一发布，统一监听。

2. 分享管理

企业通过SCRM进行消息发布，包括单个消息多账户发布、单账户发布，选择模板发布，甚至包括群发，选择联系人群组进行群发。发布内容可以是公告、产品和服务的知识/常识、产品展示、网点展示以及促销活动等。

3. 市场活动管理

促销活动、礼品优惠券分享，可以带有特定的代码，关联市场活动的源代码，从而进行活动效果评估。

4. 监听管理

通过默认账户、关键字等进行搜索和监听，可以转化为联系人、线索和个案。

涉及服务的，客户代表可以进行分配和个案跟踪；涉及客户需求采集的，可以创建线索或者更新联系人信息；涉及会员的，可以进行社会化俱乐部的管理。

5. 品牌管理

通过对品牌关键字的监听，对品牌现状、满意度等进行调查，同时监听竞争对手的动态信息，监听客户投诉信息，及时创建个案进行跟踪处理并反馈。

6. 联系人管理

通过特定代码实现社会化客户与交易客户的鉴别，同时通过社会化媒体平台的会话历史进行客户的信息采集和需求采集，适时地提供满足个性化需求的服务。

7. 个案管理

将需要关注和处理的会话转换为个案在内部进行协同处理，处理结果再通过会话的回复等反馈到外部的社会化媒体平台上。

8. 知识库管理

标准问答、产品与服务的知识条目、模板等。

9. 微价值

实现多维度的可配置模型，进行人和会话的影响力和价值的评估。

10. 微网络

实现对人和会话的节点进行网络分布路径图的图形化展示，并根据时间、空间等关系对人和会话的生命周期阶段进行分析与展示。

11. 微积分

实现社会化俱乐部和会员积分营销，并基于关系网络进行分享和邀请兑换等功能。

二、CDP系统

（一）CDP的定义、特点

客户数据平台（CDP，Customer Data Platform）是由营销人管理的客户数据库。它可以将来自营销、销售和客服等多渠道的所有客户数据汇聚并将数据存储在统一的、可多部门访问的数据平台中，实现更为高效且数字化的外部客户获取、数字化客户运营、精准营销和客户数据价值挖掘三大目标。CDP不同于DMP（数据管理平台）和CRM（客户关系管理平台），其特征包括如下几个。

（1）以第一方数据（包括PC、移动端、线下门店、OTT、可穿戴设备、物联网等一切数字化触点中收集到的客户数据）为主。同时，CDP也可以与CRM中第三方数据开放性地连通。

（2）以用户的实时行为数据（如用户浏览/点击了什么产品、在页面上停留了多久）为主，也可以与CRM中的非实时数据连通。

（3）应用场景不局限于广告投放。在客户体验、产品定价优化、促销活动，甚至非营销职能部门的业务范畴都有着宽广的应用空间。

（二）CDP平台/营销自动化系统

打造CDP用户数据平台从应用方面来说主要分为以下几个步骤。

1. 数据收集

对于民宿企业来说，内部数据源包括会员系统、官网/微官网、PMS系统、POS系统、外部合作渠道数据和其他第三方数据，如果企业有线下渠道（比如酒店前台会员招募的台卡）也可以整合到用户数据平台。

2. 数据标准化并建立映射关系

数据获取后并不能立即投入运用，各个平台的数据质量，数据格式一般存在较大差异。需要进行数据清洗和格式化预处理，筛选出高质量的、格式规范的数据。

3. 用户细分

这主要涉及客户建模、标签体系和用户细分的动态/静态选择三个方面。

4. 数据应用

数据应用主要涉及营销自动化和智能广告投放两个方面。例如，用户在微信平台上购买了酒店房券，就可以通过自动化营销系统，分别在房券到期的30天前、10天前、前1天设置提醒模板消息，通知用户还有未用的房券，以引导用户进行消费或者办理房券的退换。

5. 报表输出

报表类型包括行为轨迹分析、营销漏斗分析、人群特征分析、广告效果分析、用户留存分析等。在这个过程中，除了平台搭建和技术与工具的使用，还需要将技术与业务深度融合，建立专业的分析团队，以便将数据洞察转化为可行动的落地方

客户建模的五大基本模型

建立标签体系的7个维度

案，并不断进行优化。

客户数据中心CDP建设架构如图2-8所示，企业客户数据中心平台如图2-9所示。

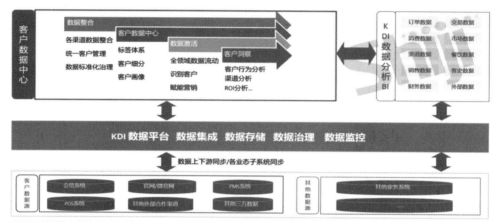

图 2-8　客户数据中心 CDP 建设架构

图 2-9　企业客户数据中心平台

任务三　民宿数字化营销的采编工具

一、视觉素材相关下载网站

picjumbo：高质量免费图片素材（https://picjumbo.com）

Pexels：高质量小众图片网（https://www.pexels.com）

Shutterstock：全球最大的会员图片库（https://www.shutterstock.com/zh/）

Libre Stock：搜索顶尖免费图库平台（https://librestock.com）

Freeimages：30万张免费个人和商业使用图片（https://cn.freeimages.com）

Splishire：设计感强的免费图库（https://www.splitshire.com/splitshire-free-stock-photos/）

Unsplash：文艺清新免费摄影图库（https://unsplash.com）

StockSnap：免费高清摄影作品，随意使用无须授权（https://stocksnap.io）

创客贴：在线设计高质量海报/信息图素材模板库（https://www.chuangkit.com/dc.html）

大作：国际网站灵感搜索平台（http://www.bigbigwork.com）

图虫创意：全球领先的正版图片素材库（https://stock.tuchong.com）

Pixabay：丰富免费高清图片，任意修改无须署名（https://pixabay.com）

Noun Project：简单线条黑白化图标库（https://thenounproject.com）

Easyicon：可按关键词搜索的图标库（https://www.easyicon.net）

iconfont：阿里巴巴矢量图标库（https://www.iconfont.cn）

unDrawn：免版权开源矢量图库（https://undraw.co/illustrations）

Vecteezy：发现和下载免费矢量素材（https://www.vecteezy.com）

pngpix：免抠图PNG搜索图库（http://www.pngpix.com）

pngimg：免费png透明图层分类图库（http://pngimg.com）

Yestone：专业的版权视觉字体内容提供商（https://www.yestone.com）

懒人图库：图库/图标/矢量素材下载网站（https://www.yestone.com）

涂鸦王国：原创插画设计师平台（https://www.gracg.com）

Folioart：插画设计社区（https://folioart.co.uk）

imcreator：免费网页设计资源的集合（http://imcreator.com/free）

文案狗：给文案狗一点灵感（谐音梗的天堂）（http://wenangou.com）

文案迷：广告词广告语集合网（http://www.wenanmi.com）

句易网：在线广告禁用词查询（http://www.ju1.cn）

二、创意灵感案例

数英网：营销资讯、案例、干货网站（https://www.digitaling.com）

广告门：营销资讯、案例、干货网站（https://www.adquan.com）

H5创意汇：第一时间分享最好玩的H5（http://www.chuangyihui.net）

199case：朋友圈广告案例（http://www.199case.com/index.aspx）

H5创意汇：第一时间分享最好玩的H5（http://www.chuangyihui.net）

H5案例分享：创意H5案例分享平台（https://www.h5anli.com）

V电影：高品质创意短片分享平台（https://www.vmovier.com）
新片场：专业的影视创作人社区（https://www.xinpianchang.com/square）
NOWNESS：全球创意影像圈（https://www.nowness.cn）
开眼视频：每日精选创意视频，让你大开眼界（https://www.kaiyanapp.com）
天空之城：大疆旗下全球航拍社区（https://www.skypixel.com）
美丽科学：让人爱上化学的美丽瞬间（http://www.envisioningchemistry.cn）
优视云集：视频制作与分发平台（https://www.tvcbook.com）
Aban Commer：全美电视广告播出数据库（https://abancommercials.com）
新CG儿：各种动画特效视频素材库（https://www.newcger.com）
爱果果：2014至今H5热门榜（https://www.iguoguo.net）
Voicer：分享生活和设计美学（http://www.voicer.me）

三、内容编辑工具

MAKA：H5模板设计素材平台（http://maka.im）
秀米：设计出只属于你的图文（https://xiumi.us/#/）
稻壳儿：金山旗下PPT模板平台（https://www.docer.com）
扑奔网：丰富PPT图表/背景图/矢量素材（http://www.pooban.com）
演界网：演绎设计PPT模板库（http://www.yanj.cn）
熊猫办公：专注于办公创意模板下载（https://www.tukuppt.com）
PPTstore：中国高端原创PPT/Keynote下载平台（https://www.pptstore.net）
Hi Slide：免费PPT/keynote幻灯片（https://hislide.io）
PPTMind：分享高质量PPT/Keynote模板（https://www.pptmind.com）
squoosh：谷歌图片压缩工具（https://squoosh.app）
Tableau：在线生成/托管可视化报告平台（https://www.tableau.com）
金数据：人人可用的在线表单工具（https://jinshuju.net）
巧思问卷：可视化问卷调查工具（https://www.choiceform.com）
腾讯问卷：免费在线问卷系统（https://wj.qq.com）
易词云：在线词频分析工具（http://yciyun.com）
书法字体转换器：在线字体转换器（http://www.diyiziti.com）
讯飞听见：语音转文字工具（https://www.iflyrec.com）
EZGif：在线GIF动画转化工具（https://ezgif.com）
WordArt：在线文字词云制作工具（https://wordart.com）
字由：设计师必备字体利器（http://www.hellofont.cn）
Convertio：万能文件转化器（https://convertio.co/zh/）
幕布：在线思维导图工具（https://mubu.com）

Pixlr：在线PS图片编辑工具（https://pixlr.com）

AI图片放大（https://bigjpg.com/）

在线PS（https://ps.gaoding.com/#/）

brusheezy：photoshop各种笔刷下载（https://www.brusheezy.com）

Color Scheme：各类配色方案（http://www.peise.net/tools/web/）

Adobe color：Adobe官方配色工具（https://color.adobe.com/zh/create）

colordrop：四色调色器（https://colordrop.io）

来画视频（https://www.laihua.com/nav-tools）

迅捷视频剪辑软件（https://www.xunjieshipin.com/download-video-crop）

在线短视频录制（https://www.apowersoft.cn/free-online-screen-recorder）

ArcTime：绘影字幕（字幕软件）（https://huiyingzimu.com/?bd_vid=8162077582619143721）

PowToon：PPT视频制作工具（https://www.powtoon.com/%20PowToon）

爱拍剪辑：视频剪辑（https://jianji.aipai.com/&wd=&eqid=e30485d600008e600000000664722889）

实战训练

以学生团队作为活动单位，安排学生为一家民宿做文案创意策划、图片制作与视频编辑，以PPT的形式进行汇报。

项目小结

酒店官网或酒店门户网站是指酒店为了进行品牌宣传营销、网上销售等活动自建的网站，它是酒店和消费者通过互联网直接联系和沟通，完成交易的电子网络直销渠道。酒店通常根据自身的需求定制开发网站，网站功能可划分为预订信息、产品信息、交流信息、相关旅游信息、网站管理等部分。微信公众号指的是个人或组织在微信公众平台上申请的账号，通过这个账号，个人或组织可通过文字、图片、语音、视频等形式与特定群体进行互动。微信公众号主要可分为三类，即微信服务号、微信订阅号和微信企业号。小程序（Mini Program），也被称为轻应用（Light App），指的是以提供丰富的服务能力、释放累积用户消费潜力为功能性目标，以实现移动互联网时代的服务需求对接和内容迭代的新型样式的信息承载体和数字化展示平台。简单来说，小程序就是一种"无须安装，触手可及，用完即走，无须卸载"的应用程序，可通过扫二维码或群聊、私聊分享的方式获得。App是Application的缩写,是指运行在手机系统上的应用程序软件,也称App应用程序软件。酒店App一般是指酒店集团或企业针对自己集团和企业的产品及服务而开发的直销App,它能够更加快捷、方便地为消费者服务。自媒体(We Media)是一种新型的媒体形式。从广义上来看,自媒体是指公众借助互联网技术,进行综合自我表达的新媒体传播形式;从狭义上来看,自媒体是指个人及团队通过有意识地制定传播诉求后,累积了一定影响力的主流自媒体账号。

社会化客户关系管理(SCRM,Social Customer Relationship Management)是在客户关系管理(CRM,Customer Relationship Management)理论基础上发展起来的,是社会化媒体与客户关系管理整合的结果,不是对传统客户关系管理的替代,它是传统客户关系管理的扩展。SCRM是通过社交媒体(Social Media)与客户建立紧密联系,在社交媒体中与客户互动,并通过社交媒体,提供更快速和周到的个性化服务来吸引和保持更多的客户。

客户数据平台(CDP,Customer Data Platform)是由营销人员管理的客户数据库。它可以将来自营销、销售和客服等多渠道的所有客户数据汇聚并将数据存储在统一的、可供多部门访问的数据平台中,实现更为高效且数字化的外部客户获取、数字化客户运营、精准营销和客户数据价值挖掘三大目标。

课后训练

1. 民宿的直销平台包括哪些?
2. 民宿运营管理系统有哪些?
3. 民宿直销平台的内容策划、创意、图片、视频如何设计?

项目三
掌握民宿新媒体营销方法及理论

 项目目标

知识目标

1. 了解新媒体的基本概念和内涵。
2. 理解营销的观念及其演变。
3. 认识新媒体营销的基本概念和内涵。
4. 认识新媒体营销的特征和优势。
5. 认识民宿新媒体营销的概念内涵和作用。
6. 认识新媒体营销的主要工作任务。

能力目标

1. 把握新媒体的发展态势。
2. 适应营销观念的演化变迁。
3. 掌握民宿新媒体营销的主要方法。
4. 具备一定的新媒体营销岗位评估和选择能力。
5. 提升民宿新媒体营销的实践能力。

职业素养目标

1. 培养新媒体营销者的责任意识。
2. 强化新媒体营销者的学习精神。
3. 提升民宿新媒体营销者的职业能力。

知识框架

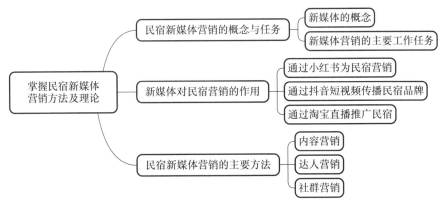

案例导入

故宫给我们的印象是庄重的、威严的，但是近几年故宫通过新媒体营销，很好地实现了互联网文化和传统文化以及现代文化的结合，文创产品商品化的同时也使故宫的形象越来越年轻和丰富。

从一开始的为了销售周边产品而上线的"故宫淘宝"淘宝店，到"故宫淘宝"微信公众号（见图3-1），再到近些年上线的"故宫博物院文创旗舰店"淘宝店、"故宫文化官方旗舰店"京东店等互联网商店和微信公众号等新媒体平台，故宫文化商品化的进程中，很好地实现了从传统文化到现代文化与互联网技术的结合，从传统文化产品到鼠标垫、保温杯等文创产品的开发，产品商品化的同时其文化内涵也得到了丰富和拓展。故宫通过新媒体营销的手段使得文化实现了可参观性生产转化，成为消费者可见、可感、可知的产品，一条适合故宫的新媒体营销路子由此打开。

图3-1　故宫淘宝案例

任务一 民宿新媒体营销的概念与任务

一、新媒体的概念

"新媒体"(New Media)一词最早见于1967年CBS(美国哥伦比亚广播电视网)技术研究所所长戈尔德马克(P. Goldmark)的一份商品开发计划。随后,"新媒体"一词在美国开始流行并迅速传播至全世界。

课堂讨论

如表3-1所示,在你认为属于新媒体的选项后画圈标记。

表3-1 新媒体类型判断

类型	判断	类型	判断
电子邮件		门户网站	
微博		个人微信朋友圈	
微信公众号		手机新闻客户端	
小红书		手机杀毒软件	

在当前有关新媒体的定义下,从一定意义上讲,表3-1中涉及的各类型都可以叫新媒体。有关新媒体的定义,目前尚未形成统一的共识。比较有代表性的定义,如联合国教科文组织认为新媒体是指以数字技术为基础,以网络为载体进行信息传播的媒介。美国《连线》杂志提出,新媒体是指所有人对所有人的传播。也有人从传统媒体演化发展的角度对新媒体进行解读,认为新媒体是指从传统媒体,如广播、报纸、电视等发展而来的,向消费者提供信息的传播形态与媒体形态。

(一)新媒体的基本内涵

尽管新媒体的定义尚未统一,但从学界对"新媒体"一词的诸多解读中,我们还是可以找到一些共性的。

首先,从上文提及的新媒体定义中,可以看出新媒体是一个相对的概念。如广播相对报纸来说就可以算是新媒体,而电视相对广播来说是新媒体,广播相对电视而言又是传统媒体了。可见，随着社会的不断发展，传播技术的不断进步，新媒体所指代的具体类型也是不断演化的。

其次，从传播源上看，新媒体中，信息的传播者由传统媒体人组织传播演化为"八仙过海，各显神通"式的所有人，传播者的人员构成范围得到极大拓展。

最后，从技术层面看，新媒体就是依托新兴技术，如新兴信息技术、新兴数字技术等，进行传播活动的媒体；这类新兴技术涉及互联网技术、移动通信技术以及数字技术等，由此产生了包括网络媒体、手机媒体和数字广播电视媒体等现代媒体类型。

总之，新媒体是一个相对的概念，从一定意义上讲，凡是利用新兴技术，为人们提供信息或服务的传播形态都可以认为是新媒体。对新媒体的理解，从新兴技术的角度进行解读有助于人们更好地理解现实社会中到底哪些是新媒体，如报纸是传统媒体，但是相关机构如果利用新兴信息技术进行信息的传播，改造自身的运营模式，该媒体就未必还是传统媒体，比如手机新闻客户端的开发等。

（二）新媒体的特征

随着移动互联网时代的来临，新媒体在传播主体到受众方面都呈现出与传统媒体以及PC端互联网时代截然不同的特征。

1. 互动性强

新媒体互动性强的特征主要体现在以下几个方面。

首先是虚拟现实技术。新媒体通过虚拟现实技术为用户提供了一种身临其境的体验，用户可以在虚拟环境中感知和交互，从而增强了对内容的感受和理解。比如，在展览中，用户可以通过虚拟现实技术来感受展品的特点；在广告中，新媒体互动性可以让广告更加生动有趣，吸引用户的注意力。

其次是增强现实技术。新媒体通过增强现实技术，将虚拟元素与现实场景相结合，用户可以通过手机等设备在现实世界中看到虚拟信息，并进行互动，增强了用户的参与感和体验感。

最后是人工智能技术。新媒体运用人工智能技术使得机器人写作、智能客服、智能推荐等功能成为可能，提高并优化了用户获取信息的效率和体验，也进一步增强了与用户的互动性。

2. 吸引力强

人类传播信息的载体经历了漫长的发展历程：从岩画到竹简，从竹简到纸质典籍，再到电子书籍，从PC客户端到手机移动端。从中可以看出，其总的变化趋势是阅读界面越来越小，阅读途径越来越多样化。

相对于传统媒体，新媒体的内容更具吸引力，更加强调吸引用户的注意力，主要体现在以下几个方面。

1）可读性

视觉营销通过图片、图表、动态图等视觉元素，将复杂的信息简单化、直观化，让受众更容易理解。这些元素既能够让受众快速获取信息，又能够提高报道的可读性。

2）可视性

新媒体时代，信息呈现方式越来越多样化。通过使用图片、图表、动态图等视觉元素，可以将信息可视化，让受众更直观地了解信息。同时，可视化也能够更好地呈现事件的现场和细节，提高报道的可视性。

3）互动性

新媒体强调互动性，通过与受众的互动，可以更好地了解受众的需求和反馈。例如，在社交媒体上发布新闻报道后，可以让更多的人了解事件和新闻，增加报道的曝光率。同时，移动应用程序可以让读者随时随地阅读新闻，从而提高报道的吸引力和阅读率。

4）创意性

创意性是指视觉营销通过精心设计的图片、图表、动态图等视觉元素，将信息和品牌特色巧妙地结合起来，让受众在欣赏的同时，也能够了解相关信息。例如，通过制作H5、VR、AR等创意性的内容，可以让受众更好地了解品牌的特色和产品的特点，从而增强品牌认知度。

（三）新媒体营销的形式

从实务的角度看，对新媒体的理解能做到上文提到的要点就差不多了，本项目的目标不是对有关概念进行学术式的思辨和探讨，而是立足现实，针对当前流量靠前的新媒体，提供有关其营销策略和方法的实务技能解读。

新媒体营销的形式包括但不限于微信营销、直播平台营销、视频营销、论坛营销等（见图3-2）。民宿新媒体营销并非单一地通过上述的某一个新媒体平台进行营销，往往需要借助多个平台整合营销，甚至与传统媒体营销结合，打造立体式营销。

图3-2　新媒体营销平台

(四)民宿新媒体营销的概念

民宿作为当下流行的一种旅居形式,呈现出多元的个性或特点。除了常见的饭店等,其他可以为游客提供住宿服务的接待场所,如民宅、农庄、牧场等,都可以称为民宿。区分民宿和酒店等其他场所的关键在"民",即把握民宿的核心特征。民宿的核心特征主要有原生态性、文化性等。原生态性要求民宿应在其形态、生活方式等方面给游客以整体的原生态景观的感受体验;文化性要求民宿作为一个旅游目的地,应当为游客呈现其特有的农业生产、人居环境和民宿文化等旅游吸引物。

课堂讨论

如表3-2所示,在你认为可以归为民宿范畴的选项后画圈标记。

表3-2 民宿类型判断

类型	判断	类型	判断
民宅		牧场	
休闲中心		旅行社	
农庄		农家乐	
农场		酒店	

立足实务的视角,新媒体营销是通过新媒体平台,使得受众深度卷入到具体的营销活动中的营销模式。因此,民宿新媒体营销是指通过新媒体平台,使得民宿消费者深度参与到具体的民宿营销活动中的一种营销模式,这种营销模式往往是以新兴技术或平台为基础和以顾客为中心,同时其诞生既是互联网渗透到民众的生活中的体现,也是网络社会不断发展的结果。

(五)新媒体营销的优势

新媒体营销是利用新媒体平台进行营销的模式,具有成本低廉、注重创意、定位精准、容易形成广泛传播等特点。

以微信平台为例,企业只要借助这个平台免费注册账号即可向广大用户进行推广,节约了部分资金的投入。尽管微信平台背后的技术支撑复杂,但对于该平台的使用者而言,他只需要会应用即可,所需投入的技术成本较低。此外,营销人员可以随时随地向用户投放营销信息,相关信息的发布和传播不易受时间、空间的限制,提升了营销信息的传播速度,简化了营销信息的传播程序,时间成本和效率也得以优化。例如,北京故宫文化发展有限公司运营的"故宫淘宝"微信公众号,其售卖的部分商品就是顾客常见的生活用品，如口红、笔记本、保温杯等，但其通过在产品包装的创意上别出心裁地融合了故宫的文化元素，在营销推广上赋予其产品独特的故宫文化内涵等形式，使得其产品在消费者的心中变得活泼、有趣，增强了其产品的推广力。

（六）新媒体营销可能带来的问题

新媒体营销尽管具有适用性强、精确性高、多元性强、便于客户关系管理等优点，但也存在一些不可忽视的短板。如新媒体平台自身的安全问题、新媒体内容与表现形式的同质化问题、新媒体营销效果两极化问题、新媒体营销信息的真实性和可靠性的保证问题等，有些问题需要企业自身重视和不断完善，有些则需要政府从制度层面进行标准化建设，有些问题还有待技术的进一步发展才能解决。

二、新媒体营销的主要工作任务

（一）新媒体营销与新媒体运营

新媒体营销主要的工作是利用新媒体平台来进行营销活动，以达到销售的目的。而新媒体运营作为新媒体营销的基础，它的主要任务是负责公司新媒体平台的内容运营、活动运营、用户运营，二者相互渗透，共同作用于营销的目标。就中小企业而言，新媒体运营岗时常作为一岗多用的角色存在，此时，新媒体运营还涉及营销、销售和售后这三个部分。本书中所讨论的新媒体营销工作，指的是将新媒体营销和新媒体运营这二者工作相结合的部分。这样的结合是立足于广泛的新媒体营销实践基础之上而形成的，具有较强的实践意义。表3-3为某支付品牌微信平台运营计划表。

表3-3　某支付品牌微信平台运营计划表

项目策略	执行项	具体执行内容	数量	执行要求	所需资源
微信公众号营销推广	公众号建立	公众号账号	1	—	—
		基础后台	1	—	—
		二维码	1	—	—
		自动回复	2	文字、图片自动回复内容	图片素材
		语音回复内容	1	语音回复内容、人物、声音	声音、人物
		自动回复确认发布	3	自动回复内容确认并发布	—
	站内推广	站内推广计划	—	旗下平台资源推广计划	—
		站内资源协调	—	内部平台资源协调	—

续表

项目策略	执行项	具体执行内容	数量	执行要求	所需资源
微信公众号营销推广	站内推广	站内推广上线	—	内部资源推广上线	—
		站内"××"活动	—	在站内进行"翼粉团代言人选拔"	策划、执行
	站外推广	站外推广计划	—	官方微信号的站外引流的计划	—
		推广计划确认	—	双方传播方案计划确认	
		推广执行	—	推广开始执行	
	认证	虚拟定位加粉	500	—	—
		500基数粉丝	500	满足500基础粉丝进行认证	
		公众号认证	1		

课堂讨论

以下是一则某公司新媒体营销岗的招聘需求,请大家根据该则招聘启事,讨论有关新媒体营销需要承担哪些工作任务。

一、岗位职责

1.负责公司微博微信的内容编写和运营;

2.熟悉企业微博、微信等新媒体平台的各项功能,并熟练运用,执行企业微博、微信的日常操作以及维护;

3.负责企业微博、微信的运营策略、活动、话题的制定及策划方案和活动创意、活动宣传,完成新媒体营销;

4.根据企业的受众群体养成数据分析能力,通过数据分析掌握时间段与用户互动,增加与粉丝间的黏度;

5.新渠道新平台的开发管理和维护,配合公司实现资源互换等合作,提高知名度和点击量。

二、岗位要求

1.新闻学、广告学、传播学、管理学等相关专业专科及以上学历优先;

2.较强的书面文字语言组织能力、文案撰写能力;

3.了解互联网推广手段,熟悉企业微博、微信的应用与营销;

4.熟练掌握如B2B、论坛、社区、Blog、QQ群、软文等各种网络渠道推广的方法和技巧;

5.热爱并了解新媒体推广营销,对当前市场具有敏锐的洞察力。

6.具有强烈的责任心、良好的表达能力,以及团队协作意识;

7.具有良好的沟通能力,工作态度端正,自学能力强。

(资料来源:https://www.kanzhun.com/duty/9057/.)

(二)新媒体平台的日常运营

新媒体平台的日常运营主要是为了保证平台的活跃度,加强和用户的互动,提升用户黏性。微信公众号的日常维护主要是对日常信息管理、用户信息反馈、投诉问题与要求等进行及时的关注与互动,促进品牌微信的正常运营。根据用户的喜好,对每日微信信息进行策划、撰写、发布,并有针对性地引导用户进行互动,促进品牌微信活跃度与影响力提升,从多角度引导民宿产品的销售。在日常维护中,应该细化关系分类,从信息需求、活跃度、类型等角度对用户进行分类,为其提供更有针对性、个性化的品牌沟通服务,打造品牌微信的良性交流平台。并且,针对用户的个性、属性给予主动的交流、问题解答,对相关投诉等进行相应的反馈与回应。

(三)策划并提供优质内容

内容是新媒体发展的基石,在新媒体营销的发展过程中,内容始终处于产品链和价值链的上游地位。优质的内容不仅可以为品牌提供关注度,更有利于品牌的传播与推广。以微信为例,微信内容的主体就是微信文章,其内容创作应注意以下几点。

1.明确微信内容的范围和选择标准

全面了解微信上目标受众的关注点在哪里,他们的需求和偏好是什么。在微信公众号等合作推广业务中,可以通过微信渠道将品牌推广给上亿的微信用户,减少宣传成本,提高品牌知名度,打造更具影响力的品牌形象。定义微信内容的主旋律,做企业自身擅长的,做与企业自身相关的项目,纯粹"心灵鸡汤"式的内容等并不适合所有的企业。

2.注意写作内容要点

一是有趣。内容应有足够的新意,不乏有引人入胜的元素。应花费一定的时间,巧妙地构思微信营销创意。

二是有用。发布信息具有实用性,能够向用户提供一定的帮助,既可以是提供信息服务、传授生活常识,也可以是向用户提供商品的促销信息或者折扣凭证等。

三是有个性。内容要自成体系,在表达方式、内容倾向等方面要拥有自己的特点并能长期保持这种一致性,这样才会给用户一个系统和直观的整体感受,使企业微信能够较容易地被识别,与其他微信用户"划清界限"。

3. 注意内容写作技巧

(1)最佳比例:80%的微信内容要对用户有价值,20%的内容属于自我推广。
(2)内容具有及时性、可读性、教育性、娱乐性和互动性的特征。
(3)内容具有启发性、思考性,编写清晰明了、独特有趣。
(4)转发微信,让微信保持活跃状态,树立品牌。
(5)避免微信风格巨大转变。

(四)营销推广

新媒体的日常运营维护以及内容发布都是为了给之后的营销活动做准备,民宿推广可以以微信为核心,聚集多个营销渠道,覆盖多数的目标受众,完成用户情感沟通、销售导流等目标。同时,可以利用旅游领域,尤其是民宿方面的热点、相关信息、优惠活动等话题进行文章撰写,因为这些都是涉及用户利益的内容,能在更大程度上吸引用户。节日、纪念日等也可以通过自制活动来吸引用户。

微信营销推广一般有以下几种形式。

1. 二维码推广

二维码推广,即在各种平面推广中放置二维码(企业彩页、名片、邮件、官网、易拉宝、宣传喷绘、企业产品包装箱、视频文件,以及网上宣传图片等)。

2. 企业介绍推广

企业介绍推广,即在企业QQ、微博、官网、百度百科、招聘网站等植入微信二维码,在企业说明、联系方式或备注等地方添加微信账号。

3. 微博推广

微博推广,即利用微博平台转发的功能,推广微信关注渠道。

4. 注册自媒体账号推广

注册自媒体账号推广,包括注册今日头条、天天快报、一点资讯、百度百家、搜狐自媒体、网易自媒体、360自媒体账号等,即每周将微信或微博文章上传至自媒体平台,增加阅读量,提高品牌传播度,向微信服务号引流。

知识拓展

民宿新媒体营销的五大趋势

任务二 新媒体对民宿营销的作用

一、通过小红书为民宿营销

(一) 小红书的概念

小红书是目前年轻人的生活方式分享平台,以"分享和发现世界的精彩"为使命,用户通过短视频、图文等形式记录和分享生活点滴,展现价值观和生活方式,并基于兴趣形成互动。截至2023年1月,小红书用户超过3.5亿,主要面向高消费、都市白领、"90后"以及"00后"的年轻群体。其中,24岁以下人群占比达58.3%,女性占比高达87%。

(二) 小红书平台用户画像

千瓜数据《2021小红书活跃用户画像趋势报告》显示,小红书活跃用户呈年轻化趋势,年龄主要集中在18—34岁,占比达83.31%;以女性用户为主,占比达90.41%,男性占比达9.59%。都市白领、职场精英女性是主要用户群体,其消费能力强、有相应的消费需求、追求品质生活,对于民宿推广来说,其目标客群与之匹配。

(三) 小红书对于民宿营销的意义

1. 品牌/产品营销

通过小红书实现民宿"种草"能获得不俗的效果。种草,属于网络流行语,本指播草种子或养育草生长,后指专门给别人推荐好货,吸引或引导购买,该词被广泛在网络使用,尤其在早期的小红书高频出现。

对于民宿来说,可以通过小红书"种草",让目标消费客群做出决策。小红书适合作为民宿营销的品牌推广阵地,对民宿品牌形象进行视觉化的传播推广。不过,小红书的种草是从量变到质变的过程,所铺垫的内容需要沉淀,才能产生"长尾效应",实现价值最大化。

2. 真实需求收集与互动

小红书平台倡导"生活方式"分享。在此平台上,我们可以看到用户真实的体验分享经历,拥有共同兴趣爱好的消费者也会在平台上参与讨论、提问、互动。因此,对于民宿来说,能在小红书平台上发现许多真实的用户需求。此外,如果发现客户对民宿有最新的评价,在小红书平台也可以迅速地和客户进行沟通,及时了解民宿客户的评价和感受。

3. 增加民宿营收

民宿可以通过搭建企业号实现"种草"到"拔草"的整个营销闭环。目前,小红书账号属性分为两类:个人号与企业号。企业资质经过官方认证的账号为企业号,企业号对比个人号,会有明显的企业标识,拥有开店、达人合作、广告投放、直播、民宿引流、私信等功能。

民宿只要完成小红书官方认证,通过开通小红书线上店铺或与预订系统直连,客户便可直接跳转订房页面。随着"内容种草+预订拔草"闭环的完善,越来越多的民宿主将小红书视为新的营销平台。

(四)小红书民宿营销案例

蜜悦美宿(简称"蜜悦"),是一家跨界民宿与旅拍两大市场的民宿新品类,或者说是旅拍界新物种,致力于为亲密关系旅行创造"独一无二""此生难忘"的体验感和仪式感。蜜悦通过小红书运营实现了从种草到决策,再到成交的营销闭环。

1. 以攻略为核心的种草

蜜悦小红书内容以目的地城市的旅游攻略为核心内容,推出如深圳和大理的系列旅游攻略,包括赏秋攻略、周末游玩攻略、圣诞打卡攻略、毕业旅游攻略、小众美食和咖啡攻略等,通过各类创意实用攻略选题,成功吸引目标消费者的关注。同时,软性植入民宿的特点信息,实现了民宿的种草和传播。

2. 以试睡师招募实现目标消费者的吸引

蜜悦不定期举行"0元试睡体验官"的招募和抽奖活动。通过这种体验官活动的传播,不仅吸引了目标消费者的关注,更让蜜悦实现了自身产品和品牌的推广。

3. 通过企业号店铺和线下门店关联实现成交

蜜悦在小红书平台上实行了企业号的"蓝V"认证,在其小红书主页上,不仅能看到其民宿品牌旗下全部门店的地址、信息和相关笔记，还能直接跳转到线上店铺进行民宿的客房查询和预订，使得客户可以通过小红书实现从种草到决策，再到成交的营销闭环。

二、通过抖音短视频传播民宿品牌

（一）抖音对于民宿品牌营销的作用

1. 通过特色内容，展现品质民宿

相关数据显示，现阶段大部分民宿的获客平台源于互联网，抖音作为多样化内容及社交电商平台，建立了满足民宿和旅游者出行的利益共同体。抖音作为互联网新媒体，能够通过内容种草实现营销闭环。很多民宿都在平台上打造自己的官方账号，通过视频内容多维度、多视角展现民宿企业环境，增加民宿曝光度，吸引游客前来体验。

不少民宿通过展现独特的景观资源、新奇的装修风格和温暖的服务，加上抖音的持续曝光，成为名副其实的"网红民宿"。

2. 通过客户定位的精准，有效扩大民宿推广的市场容量

抖音用户的年龄层分布基本上都是"95后""00后"，民宿的客源需求与抖音平台的用户高度吻合。而这些年轻的消费群体喜欢创造和分享视频内容，参与互动性强，加上抖音有强大的社交功能，视频点赞、评论、私信都能很好地满足这一群体的需求。所以，民宿主可以通过运营抖音，让更多的目标客群关注民宿并且影响潜在的消费者，从而扩大市场容量。

3. 利用网红影响力，助力民宿销量提升

民宿可以通过邀请达人前来民宿体验打卡，通过入住攻略分类、试睡测评等方式输出内容。由于达人已经积累了固定的用户群体，与用户有极强的互动黏性，号召力极强，可以有效提升民宿的曝光率和销售转化。

4. 通过线上线下结合，提高潜在受众的参与度

不少民宿经常在抖音发布与自身民宿、民宿当地旅游攻略有关的话题内容，比如"大理不可错过的十个景点"这类话题，在提供旅游攻略的同时，也能让对大理旅游感兴趣的潜在顾客转变为实际参与者和创作者，提供了关于民宿及相关内容不同角度的介绍和玩法，不仅吸引了潜在受众参与，同时还实现了种草的功能。

总的来说，抖音是一个很好的内容和营销结合的新媒体平台。

（二）民宿在抖音平台的案例

趣墅是一个别墅集合运营品牌，于2016年在广州成立，他们从多人聚会需求切入，瞄准城市新中产阶级，采用别墅度假托管、自营的方式，盘活了华南周边热门城市闲置别墅资源，并进行从设备到服务的场景化升级和管家式管理，激活闲置物业，也为以家庭、亲友、公司团体出游提供别墅度假体验。

趣墅旗下民宿通过官方账号的搭建，结合用户原创（UGC）和达人探店的方式，在抖音销售榜和人气榜获得不俗的成绩。

为什么要做官方账号？民宿有了官方账号，不仅有官方的品牌认证，并且客户对产品的信任度会更高，当民宿完成了抖音企业号的"蓝V"认证，用户在平台其他地方看到视频内容，他们会回到官方账号去做电话或者私信的咨询，并且实现成交。所以，民宿在抖音打造自己的官方账号是重要的一环。

其次是抖音平台的用户原创的运营，下面同样是趣墅的案例。

深圳趣墅HAJANA民宿，是一个地理位置和景观非常佳的地方，民宿有一线的玻璃海，海景房躺在床上就能看到大海。另外，民宿打造了小古巴风格，基于门店的优势，很多客户都会主动地拍照发朋友圈和小视频。

趣墅通过设计一个门店特有的互动玩法，形成了用户原创内容，引导客户将本来已经做好的图片和视频在抖音上去发布。门店当时做的是娃娃机活动，因为门店当时的亲子客群比较多，趣墅便出于门店特征采购了一台娃娃机，通过发布视频，就可以获得娃娃币的形式引导大家在抖音上分享。这一举措，让趣墅这个民宿获得了大量的用户原创内容。

三、通过淘宝直播推广民宿

（一）淘宝直播的介绍

淘宝直播是阿里巴巴推出的直播平台，用户可边看边买，定位于消费类直播。阿里发布的数据显示，2021年8月，淘宝直播用户超过5亿；数据显示，截至2021年8月，淘宝直播平台流量同比增长了59%以上。

淘宝直播属于一个新的场景，涉及的版块有人、场、货三个方面。人的部分，主要为主播和观众：主播以对产品的知识和经验挑选商品，以专业度赢得用户信赖；观众通过获取专业知识和推荐放松心情，轻松购物，缩短消费决策时间，获得更好的体验。现场通过主播和助播等运营工作人员进行控场，营造购买氛围；货物由品牌方和商家提供，通过直观的展示和回答观众的问题，与观众进行、沟通、互动。

(二)淘宝直播对于民宿营销的价值

2020年上半年,海南启动"乘风破浪de民宿们"海南特色民宿直播推介活动。短短2小时的淘宝直播,海南民宿销售额突破200万元,直播累计观看人数超过50万人次,互动量超180万人次。具有南洋风的骑楼民宿、特色船屋、"网红"泳池民宿依次亮相直播间。三亚的特色民宿套餐在2小时就卖出1350套,海南省"金宿"疍家故事直播1小时就销售完3个月的库存。

淘宝直播对于民宿营销的价值在于,既能通过"所见即所得"的视频全方位展示产品,又能及时地和用户进行互动沟通,还能通过平台实现民宿的销售转化。

(三)淘宝直播民宿营销案例

浙江省杭州市淳安县富文乡以旅游产业为主导,因前期各种因素的影响,民宿产业深受重创。为了帮助更多的民宿业主摆脱困境,加快行业复苏,富文乡妇联一对一地指导民宿主开启直播"云卖房"新模式。

"有清流急湍,映带左右。此地有崇山峻岭,茂林修竹。因此取名叫茂山民宿。"民宿主任某透过视频热情地介绍着。

淘宝"云卖房"突破传统的图片、视频等内容展现形式,能够给顾客带来更直观、更真实、更全面的感受。直播间的人气很旺,短短半小时就获千赞,大家发着评论,刷着礼物,都想来实地体验一番。

富文乡负责人表示:"通过这次活动,可以实现三'带'。一是带人,把游客'引'进来,来这里体验爬山涉水、采摘野菜的乐趣;二是带货,有了游客,特色美食、土特产的销路旺起来,能带动村民增收;三是带名,通过互联网直播强大的传播力,可以把民宿的名气打响,逐步形成品牌优势,吸引更多的游客。"

后续,富文乡将通过"云卖房""云旅游",以及民宿在线打卡、分享风俗趣闻、周边风光和玩乐推荐等,种草民宿旅游目的地。

任务三 民宿新媒体营销的主要方法

一、内容营销

内容营销是指借助一定的媒介,向顾客传达相关内容,以促进销售的一种营销方式。其中，媒介包括但不限于文字、图片、视频等，相关内容主要围绕企业营销目标展开，具体营销方式也非常丰富，如情感营销、口碑营销、公益营销、体验营销、景区营销、网游营销、小红书营销等。内容营销的概念内涵和外延非常丰富，本书立足实务，以进行内容营销必须重点关注的问题为切入点，进行内容营销的概念诠释。

课堂讨论

如表3-4所示，在你认为可以成为内容营销手段的选项后画圈标记。

表3-4 内容营销手段的判断

手段	判断	手段	判断
互动游戏		门户网站	
微博		报刊	
微信公众号		研讨会	
小红书		图片	

（一）内容营销的要素

从经济视角看，内容产业链主要涉及内容的生产、营销和消费三个环节，内容营销作为连接生产和消费的重要渠道，是内容营销产业链中最重要的环节。一方面，内容需要营销；另一方面，营销也不能没有内容。

在实务中，进行内容营销存在三个不能忽视的主要问题。第一，内容营销依靠谁进行？第二，进行内容营销的方式有哪些？第三，内容营销的目标对象有哪些？对这三个问题的解答对应了内容营销的主要构成要素，即内容营销的主体、内容营销的手段以及内容营销的客体。

1. 内容营销的主体

内容营销的主体是指具有人格魅力和个性的人。随着经济的发展，科技的不断进步，"人"的概念也在不断演化发展，既可以是自然人，也可以是法律视角下的法人，还可以是营销机器人等。

相比传统营销，进行内容营销的主体人格魅力和营销成功与否的关系要更加密切。在内容营销的理念下，开展内容营销的销售对象不仅仅局限在商品的品质等商品范畴，还有超越商品的人格魅力等人的范畴。也就是说，在内容营销的过程中，除了商品层面上的销售和消费的关系，更重要的是营销主体和顾客之间的关系，这是一种人与人之间的关系，体现了"以人为本"的营销理念，要求营销主体应当具备一定的人文关怀。

在市场营销观念不断发展成熟的当下，尤其是在买方市场占据主导权的大众消费时代，从一定意义上讲，内容营销本质上倡导的就是人格魅力的营销。在内容营销的背景下，这些不同的具体内容营销主体之间始终存在一定的共性，即具备一定的人格魅力和个性，不具备这些特点的营销就脱离了"以人为本"的营销理念，不属于内容营销的范畴了。

2. 内容营销的手段

内容营销是在当代互联网技术不断发展的背景下诞生的，它充分发挥了在互联网平台开展营销推广时所具有的便捷、传播面广、高效、低成本等优势。具体进行内容营销的手段非常丰富，如互动游戏、门户网站、微博、报刊、微信公众号、研讨会、小红书、图片、综艺活动等都可以作为内容营销的手段。

3. 内容营销的客体

内容营销的对象涉及文化、旅游、教育、体育等多个方面，常见的内容营销对象有房地产、服饰、汽车、化妆品等，这些对象作为内容营销的客体，必须具备交换价值和营销燃点。

经济学家认为，能被营销的对象必须是价值和交换价值的统一体，没有交换价值而仅有价值的对象则难以进行营销。例如，通常情况下，人类活动所需的空气，尽管它很重要，人们时刻也不能离开它，但是基于市场经济的角度，它仅有价值却没有交换价值，尽管它是刚需的，仍然不能作为营销的客体。因此，只有同时拥有价值和交换价值的对象才能作为内容营销的客体，即交换价值是物品成为内容营销客体的必要条件。

值得一提的是，物品的交换价值并非一成不变。如前文举例所说的空气，有不少目的地进行旅游宣传、房地产销售等活动时，好的空气质量往往就被作为推广宣传、提高身价的卖点。因此，作为内容营销方，要积极发掘物品的潜在交换价值，善于通过条件转换等手段，创造物品的交换价值，从而培育新的内容营销对象。

燃点可以理解为理由、缘由、借口或由头等。营销燃点是指对象需要营销时所必须具备的临界点，未突破这个临界点的对象则不需要营销，营销燃点也是内容营销客体的必备条件之一。因为营销和销售是不同的，通常情况下，任何商品都需要销售，但未必需要营销，只有当销售对象达到了营销燃点，该对象才需要被进行营销。如紧急时期，生活必需品等紧俏产品就没有进行营销的必要，营销的价值趋于零。

总之，对内容营销所涉及的三个问题的解答对应了内容营销的主要构成要素，即内容营销的主体、内容营销的手段以及内容营销的客体,我们有必要厘清内容营销的构成要素及其基本内涵,以便更加深入地认识内容营销的概念。

(二)内容营销的价值

通俗地讲,内容营销就是营销的一种方式,营销的主要目的是在商品与顾客之间搭建桥梁,赚取利润。或者说营销本身就是为了获取利润,这就是营销的本质追求,也是每一种具体的营销方式的价值追求。

就本节而言,过多地就内容营销对民宿营销的价值进行论述可能略显繁杂。此外,目前在专门就内容营销进行解读的高校教材中,许多版本的全文内容也未见其就内容营销的价值进行专门阐述。因此,本节及后文有关具体营销方法的内容不对每种具体营销方法的价值进行过多的理论论述,而是在对有关概念进行清晰界定的基础上,立足实务,对民宿新媒体营销的主要方法进行介绍。

(三)民宿内容营销经典案例

旅悦集团持续探索内容营销新方式,打造 IP 旅行新体验。自 2019 年以来,旅悦集团旗下民宿品牌花筑通过和百度、携程社区分别进行的"跟着苏东坡去秋游"(见图 3-3)、"睡醒计划"(见图 3-4)两场内容营销案例,总曝光量达到 29.5 亿。

图 3-3 "跟着苏东坡去秋游"线上活动页面

图 3-4 "睡醒计划":花筑奢·开封元居酒店

案例以创新的营销方式,结合平台资源特点,为游客提供有价值的出行攻略及福利。在两场创新内容营销案例的背后,旅悦集团及旗下品牌花筑致力于打造与旅游目的地文化、风景相融合的居停空间,尊重当地文化,提供专属服务,紧邻特色景区,让更多游客在线上感受到"住在花筑,住进风景"的真实旅居环境。

在内容营销方面的持续探索中,旅悦集团通过巧妙的切入口,实现对消费群体的第一吸引力。大家都知道苏轼的诗词豪放不羁,却不知道他走南闯北,看遍了祖国的大好河山,是一个名副其实的旅行家。更巧的是,苏轼所到之处,如苏州、广州、三亚、重庆等,如今大都已经有了花筑民宿的身影。因此,在与百度的官方合作中，旅悦集团将苏轼与花筑民宿进行了有机结合。

2019年9月11日—10月25日，花筑联合百度推出小程序"跟着苏东坡去秋游"，邀请"文艺男神"苏东坡连同苏洵、苏辙组成"三苏"摇滚乐队，带领玩家线上游览遍布各大旅行目的地的花筑酒店。

打开小程序，摇滚与古风混搭一体的"三苏"乐队闪亮登场，声音与画面的双重冲击成功激发玩家的好奇探索欲，其后领取"盘缠"参与抽奖的互动玩法，进一步引导用户留资，实现活动的有效转化。

小程序上线前后，微博话题"跟着苏东坡去秋游"同步登榜预热，联动微博大V发布"三苏"系列旅行海报，搭配定制版花筑奖品，吸引网友晒出自己的秋游经历，引爆话题热度。

通过创新内容营销思维和模式，在关注度持续走高的同时，旅悦集团实现了两个目标：让消费者拥有更真实的体验内容和更有价值的出行参考；让花筑旗下民宿经营者因真正高品质的民宿体验，获得更多的游客关注，以及更广阔的发展空间。

二、达人营销

（一）认识达人营销

本书立足实务，在对有关概念进行界定的基础之上，重点就达人的搜寻、管理等方面的工作进行介绍，即从管理者的视角解读达人营销，不对达人们如何营销做过多讲解。

 课堂讨论

如表3-5所示，在你认为可以属于达人营销特点的选项后画圈标记。

表3-5 达人营销特点的判断

手段	判断	手段	判断
针对性强		形式多样	
成本费用高		利于信息反馈	

达人营销是指营销达人运用说服、暗示、沟通等一切可能的方法，依托互联网等载体，通过产品或服务满足顾客需求，使其接受或购买的过程。其中，依托的载体既可以是微信、微博、小红书等线上平台，也可以是线下渠道。从管理者的视角看，企业开展达人营销工作的重点往往是对达人的筛选和营销任务的布置等活动，而不是对各个营销达人自身具体如何开展营销活动进行策划和管理，即寻找到合适的营销达人并使得营销达人为企业的营销目标而开展相应的活动是企业进行达人营销活动的关键任务。

达人营销的目标对象主要涉及消费大众、生产用户以及中间商等，在企业搜寻或筛选匹配到合适的营销达人后,另一项核心工作就是基于营销目标,为营销达人分配任务清单。营销达人的任务清单应视具体行业情况和营销目标而定,但均应兼顾企业和顾客等多方的利益,一般涉及挖掘新顾客、提升顾客忠诚度、为顾客提供对口的产品或服务、在企业和顾客之间双向传递彼此关切的信息、收集有关市场信息并开展市场调研,以及分析和评估各类营销对象并为企业提出合适的营销战略等。

(二)达人的筛选与获取

1. 获取达人联系方式的途径

首先,可以从日常达人储备入手。例如,在刷抖音的时候,如果觉得这个达人是优质且符合民宿风格的,可以直接在后台与其私信,进行合作沟通。

其次,可以通过数据平台,如飞瓜数据、抖音来客、蝉妈妈等平台,去做达人的筛选。

最后,还可以通过MCN代理机构推荐合作,需要支付一部分服务费用,但筛选的效率较高。

2. 筛选达人的四个维度

在获取达人信息后,再筛选适合民宿品牌的达人,需要注意的有四个维度:垂直度、风格、地区、客群属性。

1)垂直度

要满足民宿住宿的垂直领域。比如,民宿是旅游中的一个细分板块,我们需要往旅游类,甚至是民宿探店类的达人去找。如果是分享美食,探店的就不适合。

2)风格

达人的整体风格要和民宿相匹配,根据民宿的整个品牌调性去选择和自身调性一致的达人来做推广。比如,民宿比较接地气,合作的达人最好是讲大白话的、简单直接的。如果民宿是走精致小资路线的,那么合作的达人就建议选择精致的旅游博主。

3)地区

地区,是指根据民宿所在的范围区域,寻找对应地区的博主。比如,民宿是广州的,就需要建议尽量找到广州地区的博主。部分达人也有自己的粉丝群,同样也可以进行相应的带货。因此,用广州地区的博主去推广大理的民宿就不合适。

4)客群属性

客群属性方面,民宿的客群大概可以分为情侣、亲子等类型,需要根据民宿本身的客群定位来匹配相应的达人。如果民宿主打亲子客群,建议还是找亲子博主达人来进行推广,无论是粉丝覆盖传播还是内容的输出,效果都会更好。

3. 达人质量的判断

当找到和民宿匹配的达人后,还需要进行达人质量的判断。达人的质量会与推广的结果挂钩,因此在合作前期评估好达人的质量非常重要。可以根据达人过往的内容质量和数据进行初步判断。还可以从达人和粉丝互动评论中进行判断,观察粉丝的评论是否正向,是否围绕着推广的产品本身进行讨论,再结合粉丝评论的数量等进行综合判断。

(三)达人招募案例

2021年3月,花筑联合携程社区举办的达人招募体验活动——"睡醒计划"(见图3-5),通过招募达人和优质的原创内容分享,将符合需求的民宿产品传达给消费者。自达人征集正式开启以来,花筑人气持续高涨,吸引了众多携程社区头部创作者,短短几日参与提交作品的达人近2000人,六成达人过往作品的精优率在70%以上。

图3-5 花筑与携程社区的"睡醒计划"体验官参与案例节选

其中,花筑邀请了12位百家号旅游领域博主线下探店,活动后产出的攻略、图文、Vlog通过小程序聚合页及百度App信息流的方式进行呈现,以线下反哺线上。

12位博主分别从建筑特色、居住舒适度、服务体验等方面切入解读,分享各自的探店心得(见图3-6),让网友们隔着手机屏幕,就能"神游"至真实的花筑酒店,感受其高品质的"七感服务",即通过视觉、味觉、嗅觉、听觉、触觉、参与感和回忆感,提前解锁酒店内的种种赏玩乐趣。

图 3-6 博主探店集合展示

"睡醒计划"与常规的达人探店模式有何不同？

第一，超强曝光。"睡醒计划"以创新内容营销案例中的优质内容为载体，让更多消费者由此打开了解民宿、关注民宿，进而被民宿吸引的新大门，并与全新出行方式产生共鸣。

在这场民宿爱好者的狂欢里，共产出近150篇/条形式多样、内容丰富的优质民宿旅拍图文或视频内容，精优率高达98%，点赞量逾2万，深度触达用户1360多万，总曝光量超2亿。

第二，"民宿0元住"。睡醒计划提出的"民宿0原住"概念，成功吸引了大量优质达人的参与热情，在击中大量民宿体验官群体的入住需求的同时，也将优质达人、优质民宿与优质平台建立了强链接。

第三，"放养政策+腰部达人"。"睡醒计划"坚持对达人推行"放养政策"，所有参与的达人没有主题和话题限制，自由体验、自由发文。同时，参与到"睡醒计划"的达人中，头部达人占据10%，腰部达人占据90%。"睡醒计划"特别选择了新加入携程社区分享平台、尚处于成长期的"腰部达人"，激发了成长期达人活跃度的同时，也为"睡醒计划"带来更有趣的观点和更新鲜的评判标准。

花筑民宿通过强有力的达人社群运营能力积淀、优质内容产出能力、海量高品质门店资源，以及与携程社区平台的强强联手，完成对达人探店模式的全新探索。"睡醒计划"也成为携程2021年"旅游营销枢纽"战略中携程社区升级计划的代表案例。

如果说"睡醒计划"奠定了旅悦集团线上数字化营销的标准模型，那么花筑民宿达人矩阵的不断开拓，则为品牌的持续曝光和收益转化打下了良好的基础，在流量的积累中收获"复利"。

2021年4月以来，花筑民宿累计合作100余位签约达人，在全网共产出500余篇/条精致的图文或视频内容，覆盖旗下150家优质门店。通过达人矩阵的逐步搭建，花筑正在实现着长尾流量的不断递增以及消费者心智模型的建立，通过以点及面地体验内容素材，支撑起越发坚实的品牌资产以及流量护城河。

从达人矩阵的运营模式来看，花筑民宿看重的一方面是达人矩阵的体量和契合度，另一方面则是平台效应能为内容"出圈"形成怎样的助力。2021年以来，花筑民宿累计新增邀"花筑体验官"近千人，为流量池汇聚了更为宽广的基本盘。

而在合作平台方面，除"睡醒计划"外，花筑民宿还通过与携程社区联合举办"1元福利社"、与去哪儿联合举办"趣睡！最美花筑"等成功出圈。在抖音、小红书等内容种草平台，花筑民宿则通过更加丰富的内容形式，为旗下民宿带来更多的流量加持，如为花筑奢·金华磐山云隐民宿打造的视频攻略，则在抖音收获超7万次点赞。

成功的数字营销理念和达人体系建设，为旅悦集团旗下品牌花筑民宿按下了发展的加速键。自2016年第一家门店开业以来，截至2020年，花筑民宿累计签约及开业门店近1700家，服务人次近1000万，成为国内民宿行业中的领军品牌。

三、社群营销

（一）认识社群营销

本书从社群营销的相关概念入手，在介绍完社群、社群营销等概念后，为读者展示社群营销的现实案例，以案例为核心介绍与社群营销实务有关的内容，不对有关概念的历史缘起进行详细介绍，而是立足当下的社群营销的现实状况介绍社群营销，以期加深读者对社群营销实务的认识。

课堂讨论

如表3-6所示，对表格中涉及的社群平台进行了解，讨论各社群平台营销者常用的营销手段。

表3-6 社群营销平台

类型	营销手段	类型	营销手段
百度贴吧		QQ平台	
豆瓣网		微博	
微信		豆果美食	

1. 什么是社群

属性，是指事物所具备的特征或关系的统称，在一定意义上，人类与自然界的其他事物都可以依据某个或某些属性进行群体的划分，因为事物客观上总是由这样或那样的属性所构成，各种各样的社群也正是由此构成。社群，从通俗意义上讲，就是指一群人的集合或统称，他们因为有着同样的社交属性，如共同的喜好、价值观或利益关系等而聚集在一起，形成了一个共同体或群体。随着移动互联网的蓬勃发展，各种交流软件和沟通平台层出不穷，实时沟通和碎片化时间的上网游览成为常态。从数量或功能上看，社群的平台在丰富性和便捷性上进一步得到凸显，很好地迎合了当下消费者对多元化、个性化的追求。

基于社群的性质或定位，社群有产品型、兴趣型、品牌型、知识型、工具型等类型的划分。产品型社群是指消费者围绕共同的产品所组成的群体，如小米手机的米粉群体等；兴趣型社群是指有着相同兴趣爱好的群体所组成的集合，如钓鱼爱好者群体、电竞游戏爱好者群体等；品牌型社群是指顾客以品牌为纽带所形成的群体组织，如车友会等；知识型社群是指围绕学习知识这一核心目标所组成的群体，如考研交流群等；工具型社群是指围绕人们进行沟通交流等目标而提供的社群应用平台，如微信会议群、钉钉群等。总之，在互联网时代，社群的品类更加丰富多元，围绕不同的爱好等目标特性或关系因素，可以划分出各类丰富的社群团体。

2. 什么是社群营销

社群营销，是指依托互联网等平台或渠道来聚集人气，以社群的群体成员为营销目标，通过产品或服务满足其需求而产生的商业形态。所谓平台或载体，既涉及微信、微博等线上平台，也包含线下社区。所谓成员，是指因共同的喜好、价值观或利益关系等而聚集在一起的人员。社群营销具有费用低、效率高、针对性强、传播快且不易受时空限制等优势。

社群营销相比传统营销而言，除了具有情感优势的特点外，还具有弱中心化、多方互动、自行运转等特点。因为社群都是基于共同喜好而组成的群体，所以各方较容易建立起情感联系。由于社群营销是一个扁平化的网状结构，顾客和营销者之间既不是一对一，也不是单向的互动和交流，往往顾客和顾客之间、顾客与营销者之间可以实现一对多以及多对多的互动，这使得社群营销具有弱中心化和多方互动的特点。也因为社群本身的特性，社群成员的广泛参与和互动，使得社群营销在一定程度上可以自行运转。

3. 社群营销的工作重点

就建立一个社群而言，涉及的操作并不复杂，甚至可以在一周内建立数百个社群，如创建微信群等。然而，建立一个社群仅仅只是社群营销工作的起点，要想把社群营销做得风生水起，就必须对社群营销的关键任务及运行好社群营销的条件等社群营销的工作重点内容有清醒的认识。

社群营销的关键任务主要涉及变现及社群生命周期的问题。所谓变现，是指通过社群营销工作，把社群成员转化为顾客的过程。相比建立社群以及生产产品而言，如何把社群成员转化为营销者的目标顾客，对营销的产品或服务进行成功的营销更应值得营销者在开展社群营销时重点关注。所谓社群生命周期，是指营销者如何培育及维持社群的热度，社群都是有寿命的，如何让社群活跃起来并长期活跃是成功实现社群营销目标的重要保障。

做好社群营销的工作，需要从多方入手。其中，宣传工作、产品质量及意见领袖是营销者做好社群营销所必须满足的条件。

互联网时代下的社群营销观念早已不是当年"酒香不怕巷子深"式的产品营销观念，营销者有了好的产品后，一定要做好宣传推广工作，甚至还可以在产品没有诞生前就进行宣传工作，保持与社群成员的交流沟通，在充分考虑社群成员的意见基础之上设计和开发产品，而不是闭门造车，等产品设计出来了才开始宣传推广。优质产品始终是营销工作的关键，尽管随着社会生产力的不断提高，经济市场的不断发展，市场逐渐从卖方市场过渡到买方市场，营销观念先后大体也经过了从生产观念到产品观念、推销观念、市场营销观念等阶段的演化发展，但是在营销工作的理念和重心的不断变化之中，始终不变的是营销工作仍然强调高质量产品的重要性，其对产品的要求不但没有降低，而且是越来越高，强调产品需要兼顾多方的需求，而早已不再是卖方自己说了算。也就是说，作为销售的核心，产品仍然是营销者做好社群营销的关键，没有一个高质量、有卖点、能深深打动消费者的产品，再好的营销也很难得到消费者持续的青睐。和粉丝经济所不同的是，社群营销工作所需的意见领袖往往是某一领域的专业人士，尽管社群营销对意见领袖的需求并没有那么强烈，但是有意见领袖将能更好地拉近社群成员之间的互动和交流，树立社群成员对营销者的信任。

（二）社群营销对于民宿营销的作用

通过民宿的社群搭建，主要有三个方面的作用：首先能够创收新渠道，提升民宿坪效；其次与用户密切沟通，提高用户黏性，更能培养潜在用户的需求，筛选出一部分民宿的精准客户，进行更加有效的多元化服务和营销转化；最后是提升品牌在地影响力，增强民宿品牌亲和力和平民化。

1. 培养潜在增长的用户需求

民宿社群搭建过程，可以用鱼塘来说明。首先要建一个足够大的鱼塘，然后把大量鱼苗注入进去，这一过程中，注定会有多数的鱼苗流失掉，而最终留存的就是依靠这个鱼塘的"鱼"。我们通过不断地喂养，让其成长壮大，从而为鱼塘产生价值。这正是民宿搭建社群的最终目的，社群的意义就是让用户产生价值。

2. 提供多元内容的产品和服务

消费者不是鱼群，消费者有多元的需求和愿望。你的民宿能提供什么？是产品、服务，还是两者兼顾。鱼塘是需要有源头活水的，同样需要有让废水流出的通道，这样才能保持鱼塘的新鲜与活力。社群也需要持续增添新的内容，这些内容可以是民宿推出的新产品、会员福利、新场景体验等。总之，要让消费者保持持续的新鲜感。

3. 提供基于兴趣图谱的圈子平台

民宿是具有独特内涵和特质的，然后吸引相应的消费者和爱好者，此类人群具有相同的兴趣爱好。或者是受民宿主的个人魅力所吸引，群聚在一起。因此，民宿社群可以由此制定相应的运营策略，通过对每一个单一的个体进行挖掘，促进个体之间的相互和交流，从而增加社群黏性和成员忠诚度，促进社群质量的提升。

4. 提供基于位置的泛生活化的多样服务

多数人群有自己的生活圈子和活动范围，在这个圈层中，社群能够发挥很大的作用。民宿本身是生活化的场景载体，它是一个盒子，要让成员任意地往里填充任何他们喜欢的事物。无论是实物的需求，还是情感的诉求，通过社群的运作，都可以将其变现，让消费者来体验点评，并给出调整意见。

（三）社群营销的实务简述

1. 民宿建立社群的阵地

1）微信群

微信群是目前常见的社群载体，并随着企业微信功能的不断升级和优化，越来越多的功能可以运用到微信群中。企业微信自带了许多群管理功能，比如入群欢迎语、群自动回复、群客户去重、群活码、群红包等，能辅助民宿做好社群的引流、运营、管理工作，使社群运营更加简单、高效。

2）其他平台

目前，除了微信，其他的新媒体平台，如小红书、抖音等都推出了群聊功能。民宿通过特定新媒体平台的群聊，可以直接转发内容到社群中，通过群内消息的互动以及触达，实现老客户的召回活跃及潜在客户的转化。

2. 打造民宿社群的方法

1）社群的名称

社群的名字蕴含着社群的目的与价值观，好的名字让民宿便于客户记住和传播，也能让民宿目标客户能快速找到。

2）民宿社群的拉新与引入

（1）引入的渠道：民宿官方微信公众号、官方网站、民宿线下场景、员工个人微信朋友圈等都可以为社群引流，且用户精准。

微信公众号：文章内容推送、消息回复、菜单栏等。

官方网站：适当位置放群二维码。

民宿线下场景：前厅、餐厅、客房、线下活动等。

员工个人微信朋友圈：鼓励员工用自身影响力邀请微信客户入群。

（2）常见的引入方式：邀请制、任务制。

邀请制：以民宿管家或客服为主人翁的形式邀请客户进群，让特定的管理者进行邀约，避免社群人员来源不明和意图不明，保证群内的良好运作。如规则上设置群成员邀请制度，并给予独家福利。

任务制：通过设定一个任务门槛，如转发朋友圈集赞、填写报名信息、个人资料或者消费达到一个梯度等级等方式，为民宿筛选出高质量的社群人选。

3）民宿社群的群规

一般来说，群公告的设置方面，可以明确"三个行为"，即鼓励行为、不提倡行为、禁止行为，这是对质量的严格把关。鼓励行为，如发表原创分享、入群的自我介绍、体验感受等。禁止行为，如发广告、拉投票、言语不净、无休止争论、破坏群的和谐气氛等。

4）民宿社群价值的建立

对于一个社群来说，聚集在一起的成员必须有一个共同的强需求。当民宿在搭建社群设定社群价值时，需要着重关注以下几点：提供的价值需要抓住痛点，价值需要具体体现出来，价值需要有回报载体，价值要有互惠互利的共生点。一群人有共同的爱好或价值观聚在一起，极有可能买同样的服务或者产品，当民宿话题在群里面聊起来，还能带来从众购买效应，这样民宿的社群运营价值才能得到体现。

因为民宿而聚在一起，可以概括为有几个常见的价值需求：一是让成员更好地了解民宿，及时迅速地获得民宿的最新动态；二是提供旅游或民宿爱好者有交流机会；三是让成员获得更好的服务或者福利体验。民宿可以根据自身实际情况和目标客群痛点去设定社群的价值，这样才能保障社群的长效运营。

（四）民宿社群营销案例

莫干山景区的一家民宿通过社群营销的方式销售预售套餐，只用2天时间，线上成功销售50间客房。

1. 建立快闪群

快闪群的方式具有周期短、易操作、效果好的先天优势，民宿平时就可以打造私域流量，把线下的用户沉淀到微信中进行维护。

2. 设置"产品+促销活动"内容

准备相应的产品，满足用户需求，产品类型有三种。

一是产品上新,用户往往会对新产品引发好奇和兴趣。

二是节日促销,比如新春促销、情人节、双"11"等都可以用来做节日促销。

三是尾单甩卖,也就是低价售卖空置的房间。比如,这家民宿的平均房价是1000元/间夜,推出了888元可住4晚的四季卡套餐。春、夏、秋、冬通用,每个季度1个间夜,允许赠送朋友。

另外,春季如果因为某些原因无法入住,可以顺延。使用条件没有过多限制,除法定节假日外,均可使用,周末不用补差价,这对于上班族来说,也有了更多的选择空间。

为了吸引更多用户下单,民宿还在产品的价格上设置了一个梯度。比如,第一批卖888元,第二批卖1288元,相当于200—300元/晚。另外,民宿还配套做了抽奖活动,奖品为房费抵价券面额200元/400元/600元。如此一来,每个人都能参与活动,并获得一定的优惠。

同时,在做社群营销的时候,民宿还设置了稀缺性的特点。给优惠活动设置期限、数量,制造稀缺感。比如,有一家民宿是这么做的:2月14日第一批限量只卖10套,2月15日第二批限量售卖40套,卖完截止。

3. 群活动的三个步骤

活动开始后要怎么操作呢?可以分三个步骤来进行。

第一,售前预热。

(1) 早上开始发朋友圈,引导用户入群(见图3-7)。

图3-7 社群活动通告

（2）朋友圈文案表达的内容要简洁明了。例如，可以直接告诉用户民宿出了一个新品，搞活动打折。

（3）进群后，告知活动内容、活动时间（见图3-8）。

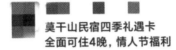

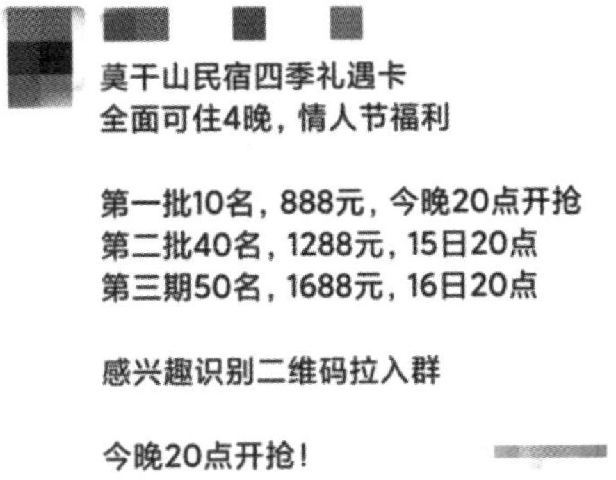

莫干山民宿四季礼遇卡
全面可住4晚，情人节福利
第一批10名，888元，今晚20点开抢
第二批40名，1288元，15日20点
第三期50名，1688元，16日20点
感兴趣识别二维码拉入群
今晚20点开抢！

图3-8　社群活动截图(一)

第二，售中氛围。

活动准备开始前，先来一波红包预热（见图3-9）。

【情人节活动】莫...四季礼遇卡(241)
今天抢中的第一批人员，还有参加明天第二批的资格吗?
1
当然可以哈
大家准备好了吗
1
1
1
不对啊还没到时间
1
哈哈哈
【情人节活动】莫...四季礼遇卡(240)
@所有人
【开抢划重点】
今晚20点整准时开抢，群主会在20点到来最后3秒倒数，当您看到群主的数字1时，发送数字1到群内，前10名锁定【莫干山民宿四季礼遇卡】888元资格。
都是什么速度
1
1
1
1
1

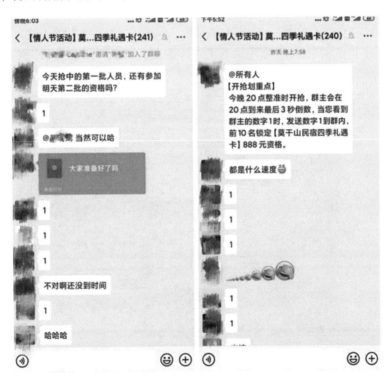

图3-9　社群活动截图(二)

随后开始发抢10个名额的套餐。主要是抢红包形式，抢了大家都能看到。10套房间只用了10分钟就被抢完了，当晚8880元到账（见图3-10）。

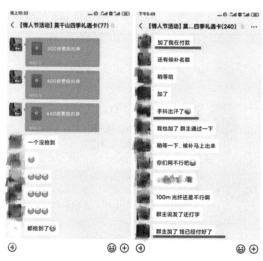

图 3-10　社群活动截图（三）

第三，售后跟进。

第一天的预售结束后，第二天继续做线上预售第二波，也就是要卖 1288 元的套餐，共 40 套。

先在群内通知今天 20：00 第二批上架限量销售，朋友圈也同步预热今晚预售的活动。19：30 公布开抢规则，采用"群接龙"的形式 20：00 准时开抢。流程理顺之后，活动进行非常顺利。活动开始后 1 分钟左右，40 套 1288 元的房间就被抢完了（见图 3-11）。

图 3-11　社群活动截图（四）

短短2天时间,这家民宿就通过社群预售的方式,卖出了50套房间,现金到账6万多元,成绩非常不错。

实战训练

下面是一则民宿新媒体运营招聘信息,请在此基础上论述新媒体运营岗位需要具备的职业能力。

民宿招聘-新媒体运营/新媒体实习生

你需要负责:
1. 负责公众号、小红书、抖音等新媒体账号运营工作;
2. 能独立完成选题、文案撰写、排版及简单的视频剪辑;
3. 负责部分图片处理、平面设计、视频剪辑工作;
4. 共同参与品牌营销策划,为品牌传播、物料等提供内容赋能。

我们希望你:
1. 文笔功底过硬,沟通能力强,工作主动有责任感;
2. 有超强学习能力,能主动发现问题和解决问题;
3. 本科以上学历,新闻、广告、汉语言文学等相关专业优先;
4. 实习生岗位需实习期3个月以上,优秀者毕业后可转正;
5. 热爱社交媒体,有做过自媒体(微博、抖音、小红书、视频号)运营优先。

项目小结

新媒体是一个相对的概念,一定意义上讲,凡是利用到新兴技术,为消费提供信息或服务的传播形态都可以认为是新媒体。新媒体的特征包括互动性强、吸引力强。新媒体营销的形式包括但不限于微信营销、直播平台营销、视频营销、论坛营销等。民宿新媒体营销是指通过新媒体平台,使得民宿消费者深度参与到具体的民宿营销活动中的一种营销模式。一般来说,可以通过小红书为民宿营销,通过抖音短视频传播民宿品牌,通过淘宝直播推广民宿等。

内容营销是指借助一定的媒介,向顾客传达相关内容,以促进销售的一种营销方式。其中,媒介包括但不限于文字、图片、视频等,相关内容主要围绕企业营销目标展开,具体营销方式也非常丰富,如情感营销、口碑营销、公益营销、体验营销、景区营销、网游营销、小红书营销等。开展内容营销存在三个不可忽视的主要问题：内容营销依靠谁进行？进行内容营销的方式有哪些？内容营销的目标对象有哪些？对这三个问题的解答对应了内容营销的主要构成要素，即内容营销的主体、内容营销的手段以及内容营销的客体。

达人营销是指营销达人运用说服、暗示、沟通等一切可能的方法，依托互联网等载体，通过产品或服务满足顾客需求，使其接受或购买的过程。其中，依托的载体既可以是微信、微博、小红书等线上平台，也可以是线下渠道。达人营销的目标对象主要涉及消费大众、生产用户以及中间商等，在企业搜寻或筛选匹配到合适的营销达人后，另一项核心工作就是基于营销目标，为营销达人分配任务清单。筛选合适民宿品牌的达人，需要注意的有四个维度：垂直度、风格、地区、客群属性。

社群营销，是指依托互联网等平台或渠道来聚集人气，以社群的群体成员为营销目标，通过产品或服务满足其需求而产生的商业形态。所谓的平台或载体，既涉及微信、微博等线上平台，也包含线下社区。所谓成员，是指因共同的喜好、价值观或利益关系等而聚集在一起的人员。社群营销具有费用低、效率高、针对性强、传播快且不易受时空限制等优势。

课后训练

1. 内容营销的基本概念和主要手段是什么？
2. 达人营销有哪几个特点？
3. 社群营销的平台类型有哪些？其工作重点分别是什么？

项目四
掌握民宿数字化分销的技能

 项目目标

知识目标

1. 了解民宿数字化分销的概念。
2. 理解OTA平台运营的概念。
3. 认识OTA平台的开店筹备。
4. 认识OTA平台的引流策略。
5. 认识OTA平台的运营管理。
6. 认识OTA平台的声誉管理。

能力目标

1. 了解OTA平台的运营现状、发展趋势。
2. 具备OTA平台运营的开店实践能力。
3. 具备OTA平台引流的实践能力。
4. 具备OTA平台的运营与声誉管理能力。

职业素养目标

1. 认识OTA平台运营者的社会责任意识。
2. 强化OTA平台运营者的企业工匠精神。
3. 提升OTA平台运营者的职业素养。

知识框架

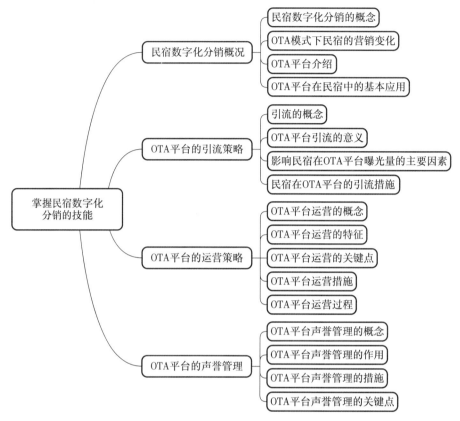

案例导入

先向大家提一个问题：如果你是一家零食店铺的老板，手上有100包辣条想卖出去，而自身的流量并不足以销售所有的商品。这时，你会怎么办？如果你说"找一个有能力把辣条卖出去的人帮我卖，给他分一些佣金"，那么你就理解了初级的分销概念。

分销是建立销售渠道的意思。根据菲利普·科特勒的定义，分销渠道又叫营销渠道，是指某种商品或服务从生产者向消费者转移的过程中，取得这种商品、服务所有权，帮助所有权转移的所有企业和个人。

简单来说，分销＝花钱找人帮你卖东西。

分销在目前的电商环境下被广泛应用，包括淘宝、京东、拼多多、有赞等购物平台均有分销机制。

了解了分销的基本概念，那么分销商和供货商之间怎么结算呢？

相比传统的线下分销形式（如药品行业等分销有多级分销商），线上新分销目前的模式如图4-1所示。

(1)买家向分销商创建分销买家单。
(2)分销商收到分销买家单后,向供货商创建推广采购单。
(3)订单确认后,由供货商直接发货给买家。
(4)买家收货后,向分销商支付分销买家单,分销商此时行使代收权利。
(5)分销商收到货款后,向供货商支付推广采购单金额。
(6)供货商收到款后,向分销商支付佣金。

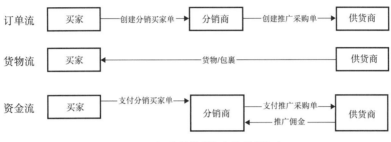

图4-1 新分销的"推广代收"模式

任务一　民宿数字化分销概况

一、民宿数字化分销的概念

随着互联网的飞速发展,数字化的应用也越来越多。所谓数字化,就是将许多复杂的、难以估计的信息通过一定的方式变成计算机能处理的0和1的二进制码,形成计算机里的数字孪生。此时,物理世界被重构,被一一搬到数字化世界中。因此,数字化营销也变成现代营销的非常重要的一种手段,即借助互联网、电脑通信技术和数字交互式媒体,有效调动企业资源开展市场活动,以实现营销目标的一种营销方式。

在西方经济学中,分销的含义是建立销售渠道的意思。著名的营销大师菲利普·科特勒认为,分销渠道是指某种商品或服务从生产者向消费者转移的过程中,取得这种商品、服务所有权,帮助所有权转移的所有企业和个人。随着互联网的发展,网络上也出现了分销,它是企业和个人基于网络开展的分销行为,通过网络来完成铺货、渠道建设、分销商管理。

民宿数字化分销,顾名思义,就是在民宿行业中,利用数字化建立民宿销售渠道,将产品从民宿主或经营者向消费者转移的过程中,取得民宿相关服务所有权,帮助所有权转移的所有企业和个人。

二、OTA模式下民宿的营销变化

OTA模式改变了传统民宿的营销模式。在OTA模式下，各民宿也积极采用网络营销模式开展网络订购。具体如下所述。

（一）从营销特征看

1. 移动化营销

在OTA模式下，民宿营销呈现出移动化的特征。客户可以通过移动设备和民宿进行交流与洽谈，并通过移动网络订购民宿服务。

2. 个性化营销

现在，同质化的民宿服务对消费者的吸引力越来越小。因此，民宿要积极重视个性化服务产品的研发。如今，互联网为民宿提供了大量的数据信息，民宿可以通过数据分析了解消费者的个性化需求，并根据消费者行为对消费者的未来消费方向进行预测，进而提供更多的个性化服务和产品。

3. 整合性营销

OTA模式使得民宿与旅行社相互融合，很多OTA企业已经投资入股民宿企业。而且，越来越多的民宿企业也积极入驻旅游网站。

（二）从营销模式看

1. 营销1.0模式：OTA+短租

售卖推广方式：主要依靠OTA、短租平台，平台客源占了大半。

适用类型：成熟竞争市场内的民宿，以古城古镇里的客栈、城市民宿为主，同质化产品较多。

2. 营销2.0模式：OTA+短租+产品平台

售卖推广方式：依靠OTA、短租平台售卖为主要售卖平台，同时以产品平台作为辅助平台。

适用类型：旅游目的地的品质旅游民宿。

3.营销3.0模式:OTA+短租+产品平台+新媒体推广

售卖推广方式:依靠OTA、短租平台售卖,以产品平台为辅助平台,再加上新媒体内容推广(如小红书、抖音、点评、旅拍等)。

适用类型:网红民宿、特色民宿以及各目的地一些头部民宿产品。

4.营销4.0模式:OTA+短租+产品平台+自营平台+新媒体推广

售卖推广方式:依靠OTA、短租平台售卖为主要售卖平台,以产品平台为辅助平台,同时自建自营平台(如微官网、媒体企业号等),再加上新媒体推广(如小红书、抖音、点评、旅拍等)。

适用类型:高端品牌民宿、连锁品牌民宿。

由民宿营销的四种模式可以看出,目前民宿营销大多依靠OTA平台。由此可见,OTA平台在民宿营销中具有重要作用。那么,什么是OTA平台呢?

知识链接

2020年中国民宿行业市场现状及发展趋势分析
——未来市场将呈现六大主流商业趋势

民宿经营走入正轨并再度提速指日可待。近日,在云南丽江正式发布的国内首部民宿蓝皮书《中国旅游民宿发展报告(2019)》显示,2019年我国民宿市场营业收入209.4亿元,同比增长38.92%;同时,民宿数量达到16.98万家,房源总量突破160万套,民宿占住宿市场之比提升至24.77%。

虽然疫情对旅游民宿的冲击不小,但随着日前"跨省游"的重新启动,民宿经营走入正轨并再度提速已是指日可待,同时长期来看,紧扣强身健体主旋律的行业高质量变奏趋势也愈发鲜明。

因此,未来市场将呈现六大主流商业趋势。

作为一种小型住宿设施,民宿显然不同于传统的酒店旅馆,它不需要展示出华丽堂皇的高大上外表,也无须摆出星级般的室内陈设,而是只需在整洁干净与安全的基础上显露出独有的个性特色与别样的颜值风情。因此,民宿经营者的内容服务就不能只限于居住空间的提供,还包括餐饮文化的配给、本土历史的说解、区域生活的演示以及旅游路线的向导,而且主客空间经常融为一体,并产生密集的情感交流与互动共鸣。

正是如此,对于选择民宿的顾客来说,民宿不仅仅是一个只能歇息与睡觉的物理空间,而是一个可以放松与怡情的精神场所;走进民宿,寻找的不只是一个住所，可能更有心灵的皈依；徜徉于民宿周边，流连的不只是山山水水，还有抬首可见的"诗与远方"。

照目前国内近17万家的民宿数量规模，虽然很难说供给侧的布局空间已经饱和，但可以肯定的是，基于商业预期与趋利性驱动，还会有更多的后来者进入民宿投资与经营市场。

根据国家信息中心发布的《中国共享经济发展年度报告(2019)》的分析结论，国内民宿市场的年渗透率(现实需求和潜在需求之比)目前约为3%，未来还有6—8倍的增长空间。

但值得注意的是，除了莫干山等少数民宿的入住率达到了50%以上，全国民宿目前平均入住率只有31%，而且非节假日还出现大面积无人入住的超冷现象；同时，绝大多数民宿的单体规模都非常小，并且同质化竞争非常严重，乃至超过80%的民宿目前并未盈利。因此，在存量规模已然可观、增量资本继续叠加的情形下，市场的白热化竞争将牵引民宿赛道展现出全新的行业趋势。

一、城乡互映，触角下沉

民宿从大类上可以分为城市民宿和农村民宿两种，前者目前主要集中在一二线城市以及旅游热点城市如丽江、大理与嘉兴等，它们或者在传统老街基础上打造而成，或者抓住网红热点拓展住宿之外的消费场景，同时民宿一条街已经成为许多城市的一道共同景观。

但是，相对于一二线城市而言，许多三四线城市的民宿元素仍处于沉淀与待垦状态，而且三四线城市靠近农村，城市民宿与农村民宿更容易形成市场对接，更利于对旅游者产生近空消费牵引，商业红利自然值得期待。

另外，由于与乡村振兴战略同频共振，能够得到当地政府的政策优惠支持，而且农村有着更多的土地、农房等闲置资源可用，加之比城市广袤得多的自然地理空间便于投放房车、集装箱等物理基础设施，因此，农村民宿未来可能得到更多投资人的青睐。

二、资源集约，品牌为王

既有率先蹲位者稳打稳扎，也有后来入局者猛打猛冲；既有小型单体民宿只身突进，也有成熟连锁民宿左右开弓。商业火拼的结果都会以盈利的大小与有无决出最终胜负。于是，资本与资源朝着优势与头部位置集中的镜像也在民宿行业得以再现。

一方面，局部范围内过多的分食者分散了民宿规模经济效应，促进区域个体民宿突破独立边界并联合聚集成民宿联盟，进而催生出区域品牌，将成为地方政府的鲜明产业导向；另一方面，域内或域外强势民宿企业会借助资本与品牌优势展开横向并购，在加速行业连锁化集成的基础上聚合出大型民宿综合体，达到放大民宿产业集约化的效果。

不仅如此,手握技术、渠道等长项资源的互联网平台会朝着各类民宿主体展开标准、品牌以及管理技能的输出,以带动民宿行业的集群化提升以及放大各个集群成员的商业价值。

三、主题多样,个性定制

随着未来消费者的日趋成熟,更多人的注意力不会完全停留在民宿表象之上,而是倾向于追求它的内涵、个性以及在此基础上衍生出的用户体验,由此成为民宿业内的核心资产与珍贵资源,以此为圭臬,民宿主题将朝着垂直性、纵深化方向挖掘拓展,从而呈现出多样化特征。

一方面,多样化特征是完全建立在本地生活与文化底蕴基础之上的,民宿元素在"去泛化"的同时,更能将"在地化"做到极致,甚至一家民宿还能够展示主人的独特生活与艺术品位;另一方面,针对不同的消费群体,民宿产品会细分出更精准的主题,实现别样化与个性化定制,如宠物主题民宿、禅修主题民宿、体验观鸟主题民宿等。

更重要的是,民宿内容服务不再是供给方的单向推送,而是让作为需求方的消费者参与到各种有趣的具象化场景中来,主客活动双向互动,民宿用户黏性不断提升。

四、管理精进,NGO切入

作为经营主体,民宿主既是管理者,也是服务供给者,扮演多种角色但又分身乏术情况下必然导致服务质量下降,同时损害用户体验;不仅如此,专业经营管理能力欠缺也是许多民宿经营者的硬伤。

克服这种短板,民宿产权分离,即所有权与经营权、租赁权与经营权分离成为客观趋势,职业经理人将进入民宿经营者阵营,相应地,特许经营、委托代理、策略联盟等管理模式在民宿领域会派上用场。

作为一种个人职业与艺术偏好,文创人员、建筑设计师、高校教师以及新闻记者与乡贤人士等,未来会以半公益身份的NGO(非政府组织)角色,不同程度地介入民宿运营,他们带来的不只是创意,还以资本入股方式参与到民宿运营中,从而整体提升民宿管理能效。

五、科技赋能,场景别致

民宿所显示的不只是静态物理景观,而是由此可以牵出动感流金岁月。为此,声、光、电等传统技术嫁接全息、VR与AR等时尚技术,共同开启与再现本土尘封的历史影像,同时让观众沉浸场景之中,触摸当地文化脉搏,留下具有刻度的体验记忆。

另外,运用成像技术、仿真模拟技术以及计算机和人工智能技术,围绕民宿主题的多种边缘与衍生产品将被开发出来,进而提高民宿的附加值。更为重要的是,借助于大数据技术,可以实现对民宿用户消费行为的精准画像,推送出与需求个性更能匹配的消费产品。

此外,IOT(物联网)、人脸识别等技术能够让消费者从线上民宿预订到开锁进门,甚至取物消费与退房结账等过程,都能非常轻便地在终端进行远程遥控与自主操作,由此丰富了旅行者的体验度,同时可以节省民宿的人力成本。

六、强势破圈,产业集群

对于旅行者来说,民宿是一个小憩驿站,稍作驻足停顿并恢复和积蓄出一定能量后往往会奔向新的旅游景点,因此,在整个旅游棋盘上,民宿就好比是一个个结点,裙带关联起四方景区,从而激活全域旅游,也让旅游地的集群化特征更显直观。

除此之外,"民宿+"的方向愈来愈朝着深度与广度地带延展,城市民宿带动当地纪念品热销以及农村民宿带动农产品俏销还会持续。由于具有鲜明的空间集聚特征,民宿更容易通过能量破圈形成产业集聚效应,呈现出的商业生态正在不断叠加与更新,除了人们所熟知的民宿基建、民宿餐饮、民宿安保等,还有民宿创意、民宿运管、民宿营销、民宿拍摄、民宿培训、民宿融资以及民宿养老和民宿医疗等。未来,诸如民宿艺术、智能民宿等细分专业说不定也会走进大学课堂。

(资料来源:张锐《民宿市场未来六大主流商业趋势》。)

三、OTA平台介绍

OTA是指在线旅游(Online Travel Agency),是旅游电子商务行业的专业词语,指旅游消费者通过网络向旅游服务提供商预订旅游产品或服务,并通过网上支付或者线下付费,即各旅游主体可以通过网络将相关商品或服务进行产品及服务营销或销售的一种模式。

在线旅游是由旅游中介服务提供商或在线预订服务代理商及传统旅游企业提供,以网络为主体,以旅游信息库、电子银行为基础,利用网络技术运作旅游产品及其分销系统的旅游经营体系。从行业细分产品与服务角度来看,在线旅游行业可细分为机票在线预订市场、酒店在线预订市场、度假产品在线预订市场以及其他旅游服务市场。

在线旅游依托互联网,以满足旅游消费者信息查询、产品预订及服务评价为核心目的,囊括了包括航空公司、酒店、景区、租车公司、海内外旅游局等旅游服务供应商及搜索引擎、电信运营商、旅游资讯及社区网站等在线旅游平台。在线旅游产业主要借助互联网,与传统旅游产业以门店销售的方式形成巨大差异。

随着国民可支配收入的不断增长和对文化产品需求的不断扩大,在线旅游作为一种新兴的旅游方式迅速占领市场,其在打破传统的跟团游的基础上极大地满足了人们在旅游方面的需求。当前,在线旅游呈现三段式的产业分布。这种三段式的产业分布主要由上游资源供应商、中游产品组合及经销、下游用户群体构成。上游资源供应商提供基础的旅游产品，如旅游景点、酒店等；中游产品组合及经销更多面向一些互联网巨头，通过互联网平台分配旅游资源；下游用户群体由庞大的网民群体构成。上、中、下三段产业链形成了完整的在线旅游产业模式。

（一）OTA的特点

1. 整合性

旅游产品是一种由许多部分内容构成的复杂体验服务。旅游电子商务把旅游环节中的各级别的供应商、景点、交通运输企业、饭店、保险公司及与旅游相关的众多行业整合在一起，通过组合后的产品在线吸引更多的用户。

2. 交互性

旅游者在购买旅游产品之前，由于信息的有限性，导致无法亲自获知全部与旅行相关的内容，只能通过了解别人的经历或在文字介绍中寻求相关内容。随着信息技术的发展，在线旅游提供了大量的旅游信息和旅游产品介绍，网络多媒体给旅游产品提供了视觉、听觉，甚至3D效果的全新旅游体验，使客户可以在开始旅游前已经对目的地有很多的了解，并且培养了大量的潜在客户。

3. 快捷性

旅游业属于服务性行业，旅游电子商务更是通过在线服务随时为游客提供服务。在线旅游企业正是依托自身的技术优势，实现了传统旅游企业无法完成的24小时随时服务，利用网络进行推广，使用电子媒介传递信息，进行实时订单确认与支付等，快捷便利。因此，旅游电子商务与软件、网上书店一起，曾被人们称为IT业最赚钱的三大行业。旅游业在所有的产业中也被认为是对互联网敏感度较强的产业之一。

（二）OTA的意义

1. 促进文旅融合发展

随着文旅融合的逐渐深化，人们不再满足于传统的走马观花式旅游，更加关注旅游过程的文化内涵，通过在线旅游平台遴选优质导游，不仅能够促进文旅融合的发展，也可以满足人们对于知识、文化的渴望，真正做到以文促旅、以旅彰文，有利于树立与时俱进、多元发展的执业理念。此外，在该平台，导游不仅要学会"导游+技能"的融会贯通，还要与时俱进、开拓创新、敢想敢做、标新立异。导游要充分发挥"网约导游"的主观能动性，最终实现导游个体的个性化发展与导游集体的多元化发展相结合。

2. 拓宽导游自我营销渠道

在"互联网＋"时代，导游需要具备互联网思维，依托大数据、云计算，对市场、用户、产品，甚至整个旅游行业进行重新审视和分析。不仅要做好线上与线下正向融合、虚拟与现实的良性互动，还要克服原先依托于旅行社生存的方式，建立自己的导游网络，通过互联网平台宣传自己，打造"以自我为中心"的特色IP，利用发达的网络社交媒体，不断扩展自己，提高自身影响力，以获得更多的关注与认可。

3. 多方共赢，共同发展

首先，对旅游者而言，在线旅游可以让游客不出家门，全面了解目的地旅游信息，预订产品并支付。旅游行程中，也可以动态地了解所需信息并发出救援及接受帮助信息；旅游结束后，亦可进行有效的信息反馈。

其次，对旅游企业而言，在线旅游的系统是充分展示企业形象和提供产品的平台，并将节约企业的运营成本。

最后，对旅游管理部门而言，通过目标定位、数据统计、安全和反馈等系统，可以全面了解游客的需求、旅游目的地的动态，以及相关投诉与建议等内容，促进科学决策和管理。

总之，在线旅游体系的建成，将改变旅游者的行为模式、旅游企业的经营模式和旅游管理部门的管理模式，从而逐渐改变整个产业的运营模式，是旅游业强化现代服务业特征，提高现代服务业水平的重要途径，将引领旅游进入智慧时代。

（三）OTA的发展现状

1. 旅游业蓬勃发展，互联网普及率提升推动行业发展

在我国旅游蓬勃发展的当下，加之互联网普及率稳步提升，我国在线旅游行业不断发展。在线旅游企业积极与旅游资源供给方合作，双方融合程度不断提高，相继推出性价比远远高于传统旅游行业的旅游产品，人们对在线旅游的认可程度逐渐提高，营销平台的不断发展壮大。2021年，中国在线旅游市场规模实现部分恢复性增长，达1.3万亿元，在线旅游的发展呈现出一片欣欣向荣的趋势。

旅游群体的年轻化、旅游消费的本地化、旅游体验的数字化等趋势逐渐显现，业内对此变化趋势做出的应对，也将会影响未来市场的恢复程度。整体而言，居民生活水平稳步提高，而旅游是居民体验式消费的重要组成部分，市场仍应持积极的信心和态度来应对当前挑战。

2. 多家平台同台竞技，携程一家独大

目前，我国在线旅游主要参与者有携程、美团、去哪儿、同程艺龙等在线旅游平台，各大平台相互竞争，不断发展。但是，其主要市场被携程系的在线旅游平台所分割。我国最早进入在线旅游产业是携程旅行网，于1999年成立，至今已有20余年，携程也凭借先发优势，不断在在线旅游市场中布局，业务覆盖酒店预订、机票预订、旅游度假、商旅管理等领域。2015年，携程通过换股的方式收购去哪儿网，加上背后有百度股东的流量入口和资源优势，在线旅游领域变为携程系一家独大。数据显示，2020年携程旅行市占率达到40.7%，去哪儿旅行市占率为17.5%，合计携程系市占率达到58.2%。

知识链接

在线旅游行业发展趋势及市场现状分析

中研普华产业研究院出版的《2022—2027年中国在线旅游行业市场深度调研及投资策略预测报告》统计分析显示：伴随着旅游行业收入快速增长，行业互联网化逐渐加深，在线旅游市场也快速增长。2018年，中国在线旅游预订市场规模达到8600亿元，同比增长16.5%；在线旅游预订网民规模达到4.1亿人次，同比增长9%。近年来，蓬勃发展的在线旅游平台以其高效、便捷的服务深受消费者青睐。然而，在给人们生活带来便利的同时，在线平台发展也逐渐暴露出虚假宣传、欺诈消费者等问题。默认搭售、大数据"杀熟"、虚假宣传、低价陷阱等现象是在线旅游平台常见的几大陷阱。

全球在线旅游巨头率先吹响复苏号角。2021年，全球三大在线旅游平台营收增长强劲，Booking（缤客）、Expedia及Airbnb（爱彼迎）同比增长均超60%，营业收入分别为693.5亿元、544.2亿元和379.2亿元。

细分市场来看，在线交通领域的竞争主要集中在在线机票预订上，掌握了在线机票预订的话语权就基本在在线交通领域占据了绝对优势。携程系在机票预订市场上凭借着存量资源和用户黏性依然保持着绝对的领先，2018年达54.6%；飞猪经过数次战略调整后，提升了包含境外机票资源在内的出境产品供给能力，市场份额提升至16.1%。

在线住宿领域的竞争格局略有不同，美团点评凭借低端酒店资源的积累以13.2%的市占率位列第二,超过去哪儿的12.9%;携程凭借高星酒店的优势,仍然占据一半的市场份额,与去哪儿合计比重则达到59.9%。2012—2019年,国内旅游人次稳步增长;2020年,受疫情影响,旅游总人次下降至28.79亿人次,同比减少52.1%;2021年,旅游人次回升至32.46亿人次,同比增长12.8%,用户出游意愿正在逐步恢复。

中国在线旅游市场群雄逐鹿:携程旅行的市场份额(GMV)位居榜首,2021年的市场占比达36.3%;美团旅行位列第二,市场占有率为20.6%;同程旅行和去哪儿旅行依次位列第3位、第4位,分别占比14.8%、13.9%。

(资料来源:《国际财政时报网》。)

(四)OTA的发展前景

1. 市场需求下沉,三线及以下城市发展潜力巨大

我国在线旅游行业已经进入快速发展期,一二线城市在线旅游渗透率逐渐进入稳态,其用户增长也逐渐趋缓,而三线及以下城市处于渗透率提升、用户增长的高成长阶段,三线及以下城市用户规模提升。未来,三线及以下城市或将成为在线旅游增长的主要区域,发展潜力巨大。

2. 市场往年轻化、下沉式、本地化和多样化方向发展

除在线旅游需求向低线城市转移外,未来在线旅游产业也将呈现出年轻化、下沉式、本地化和多样化的特征。随着互联网广泛运用和智能手机的普及,大数据时代下的智慧旅游逐渐成为趋势。互联网的高速发展,助推"00后"逐渐成为互联网消费主体,年轻客群正在成长,未来将是在线旅游市场的消费主力。目前,30—45岁是我国核心的高支柱型消费群体,当前消费能力最强;25—30岁是我国较好的高潜型消费群体,美团旅行深耕的是这类群体,消费能力尚未到顶。随着代际更替,新一代的年轻客群将成长为在线旅游市场的消费主力。而随着消费结构的逐渐变化,旅游市场结构也将逐渐向低龄化转变,在线旅游市场也将呈现出低龄化的特点。

3. 市场规模不断扩大增长

随着国家政策的大力支持及行业标准的制定,高质量、高服务、高效率的在线旅游正在成为旅游业的主要模式。未来,在线旅游或将逐渐代替传统旅游,在旅游产业中市场份额越来越大,市场规模也会越来越大。

OTA的出现,将原来传统的旅行社销售模式放到网络平台上,更广泛地传递了旅游的线路信息,互动式的交流更方便了客人的咨询和订购。

国内OTA的代表主要有携程、去哪儿、同程艺龙、美团、驴妈妈、百酷网、乐途旅游网、搜旅网、途牛、易游天下、快乐e行等。

四、OTA平台在民宿中的基本应用

(一)移动互联网在OTA平台模式中的作用

随着用户群体从PC端向智能手持设备方面的大量转移，以及旅游用户预订习惯的转变，移动互联网时代下的在线旅游市场极大地改善了用户的消费体验，移动互联网在OTA模式中也占据了重要位置。

1.移动定位服务

基于位置的服务LBS(Location Based Service)也被称为移动定位服务，是指围绕地理位置数据而展开的服务。它通过一组定位技术获得移动终端的位置信息，以移动通信网络和卫星定位的系统结合来实现，实现各种与位置相关的业务。在住宿业中，基于位置的移动定位服务包括导航服务、位置跟踪服务、安全救援服务、移动广告服务，以及相关位置的查询服务等。比如，根据当前定位位置，通过在线旅游服务商的App等相关应用，可以查询附近的民宿、旅游景点、娱乐设施等相关信息，同时进行预订，导入地图应用，实现空间到达。

2.移动支付服务

移动支付通常称为手机支付，是用户使用移动终端（一般是手机）对所消费的商品或服务进行账务支付的一种服务方式。移动支付对实物货币有着可替代性作用，不受时空限制，具有先天的优势，在当前的消费行为中起着重要作用，移动支付服务的水平，将成为改善用户体验的重要组成部分。

3.移动信息服务

移动信息服务是指用户在移动过程中自动接收到的来自广告商或其他以目标客户为群体的组织的相关针对性信息。很多人会有进入到某地自动收到当地的欢迎信息的经历。移动互联网非常关键的应用是高度个性化、高度相关性的信息传递，这些信息是由客户定制的，包括客户个人信息及其想达到的目的地。因而，对目标客户或者是进入到一定旅游区域的用户进行相关信息的推送，可以促进其进行消费行为的产生。

4.信息互动服务移动

这是一种基于移动互联网的为目标客户发布大容量及强交互性内容的信息发布

服务。相关数据显示，旅游市场传统业务的交易量的增长率逐年下降，在自助游方面呈现爆炸式增长趋势。当前的网络问答社区以及搜索服务为自助游提供信息支持的同时，更是这个时代用户对于个性化的追求。通过移动互联网服务，旅游者可以不用在旅游出发前费事地进行旅游行程的详尽安排，而是可以直接出发，开始自由旅行。

OTA本身是一个连接客人与酒店/民宿的桥梁，凭借着强大的营销能力、丰富的产品信息、便捷的预订方式、快捷的支付手段以及有保证的赔付政策等，聚集了众多的用户，给酒店/民宿带来了众多客源，也成为酒店/民宿的品牌营销、展示和推广渠道。

知识链接

酒店/民宿应该上线哪些平台？

酒店/民宿运营开始之后，可以在哪些平台上销售呢？

首先是携程、飞猪、美团等这些OTA旅游平台。携程指的是携程系，包括携程旅行、同程、艺龙、铁友网等众多平台；飞猪指的是阿里系，包括飞猪、支付宝、淘宝、天猫等；美团指的是美团系，包括美团旅行和美团点评等。除了这些，还有驴妈妈、途牛等这些平台。另外，各平台还合作了众多的分销平台，如同程就打通了微信钱包的酒店预订，携程打通了高德的酒店预订等。

其次便是爱彼迎、途家、小猪短租等这些民宿短租平台。爱彼迎并没有太多的分销，以自身平台为主；途家属于携程旗下短租平台，拥有携程系的重点资源，因此途家的订单很多来自携程民宿频道、去哪儿民宿频道的分销；小猪短租目前和飞猪深度绑定，除了在小红书上做媒体的大量分销之外，在飞猪上运营也非常用心。

然后就是几何民宿、周末酒店等旅游产品平台。几何民宿和周末酒店属于比较早通过公众号做起来的度假产品平台，主要依靠自身用户量和社群运营。

最后是小红书企业号、抖音企业号、微官网等这些自营平台。

这里特别提醒一点，入住率和上线的平台数没有正比关系，只和民宿产品跟平台的匹配程度及其对平台的营销运营水平有关，所以选择平台和运营好平台对于民宿的运营是非常重要的。

（二）OTA平台的主要阵营

OTA行业，里面优秀的平台不多，酒店/民宿对接OTA的初期，基本上是艺龙、携程、去哪儿三分天下。不过后来携程通过融资加并购以及占股的形式把市面上大部分平台合并，目前形成了我们口中的携程系。随着美团点评和阿里旅行的崛起，目前国内的OTA市场形成了携程系、美团系、阿里系"三足鼎立"的局面。此外，驴妈妈、马蜂窝、途牛、Booking（缤客）、Agoda（安可达）等平台也不断地涌入国内市场。包括近几年比较火爆的民宿行业，细分领域的OTA也在不断崛起，譬如爱彼迎、小猪短租、榛果民宿等。

以下详细介绍线上酒店行业平台的主要三个阵营：携程系、美团系、阿里系。

1. 携程系

携程系，是指以携程（见图4-2）为首的众多OTA平台，是携程、去哪儿、艺龙、途牛、驴妈妈等平台的统称，掌握着国内多数的中高端酒店。携程是国内酒店行业龙头OTA，平台涉及酒店、度假、票务、旅游等多个领域，意在打造旅游住宿一站式服务。其平台的资金实力雄厚，酒店合作中有一定的魄力，相关平台较多，利用大数据以及分销策略专攻酒店业务，也越来越往国际化的方向发展。上线携程，依旧是许多OTA代理商的不二之选。

携程旅行是中国最大在线旅游平台。根据FastData数据，若按照GMV（商品交易总额）计算，携程2021年在线旅游市占率达36.3%，位列第一，远超第二名美团旅行的20.6%。深耕在线旅游行业超过20年，打造国内OTA龙头企业。携程成立于1999年，2003年赴美纳斯达克上市，后又于2021年在中国香港二次上市，是国内OTA绝对的龙头企业。携程的发展历史是国内在线旅游市场发展的缩影。

图4-2　携程Logo

2. 美团系

美团系主要指美团网（见图4-3），美团是从外卖行业起家的，旗下还有电影、团购等业务，主营中低端酒店的线上业务，因为用户较多，线上酒店行业的市场份额也仅次于携程系，是携程系的对手之一。作为一个后起之秀的OTA平台，美团系主

你知道美团酒店的排名规则吗

要是利用了自己平台强大的流量入口,以及App移动端多年的忠实用户,主要从经济的低星级市场入口,目前短板就是高星级酒店实力严重不足,但是在流量的市场竞争中也具有相当大的竞争优势。目前相对于其他平台,美团系还有些许不成熟,并且对代理商限制较大,但它也是OTA代理商高星级酒店分销的一个重要渠道。

图4-3 美团Logo

3.阿里系

阿里系主要以飞猪(见图4-4)为代表。作为为用户提供机票、酒店、旅游线路等商品的综合性旅游出行网络交易服务平台,飞猪最大的特色在于沿用了阿里巴巴的平台模式,但平台运营相对比较松散,而且主营业务还是机票,酒店的网络预订市场份额相较携程这样的行业龙头还有一定的差距。飞猪也被称为"酒店界的淘宝",一直沿用着淘宝的平台模式,让商家面对消费者,但是目前来讲,酒店的国内直采业务是飞猪平台相当大的一个缺陷。飞猪也在大力整治不合规的办公代理商,相信未来也会越来越规范化。

图4-4 飞猪Logo

此外,还有一种介于OTA平台和酒店之间的第三方酒店代理商。通过与酒店合作拿到一个较低的价格,再通过加价等方式在OTA平台上售卖,以赚取差价。因为代理商会在多平台、多渠道同步上架酒店房源信息,所以会显著地提升酒店的入住率。靠着这些大平台的支撑,代理商们和酒店就有了源源不断的客源。

知识链接

什么是无货源代理？

无货源模式即不需要囤货，不需要压货，不需要拍照美工，不需要人脉推广，不需要大量的现金流去赚钱。也就是将借用到的资源都转变成自己可以利用的资源，这样成本就非常小了。民宿可以通过跟酒店合作，拿到代理权和协议价，然后通过自己的系统后台上架到携程、美团、飞猪等平台，赚取协议价和售卖价其中的差价。

最后，无论哪个OTA平台的良好运营，都离不开对平台规则的熟悉。同时，也需要商家多一点耐心和细心，用心维护好已有平台，拓宽自己的销售渠道，增加销量，提升收益。毕竟，OTA的维护工作就像是养花一样，必须呵护有加，时刻关注。

（三）当前民宿选择入驻的OTA平台及其平台优势

在民宿OTA的选择上，民宿和酒店虽然相似，但是产品上有很大的不同，这种不同主要体现在民宿的规模和特色上。所以，在线上平台选择上，民宿选择OTA一般要直接避开与酒店竞争的平台。以下介绍当前民宿一般选择入驻的OTA平台及其平台优势。

1.爱彼迎

Airbnb（爱彼迎）主打的就是特色民宿平台，一般做民宿的只要做线上都知道这个平台，自2015年8月进入国内市场以来，爱彼迎逐渐成为主流民宿OTA平台之一。但作为一款国外设计的软件，在一些使用习惯上对国内的民宿主而言并不是特别友好，但从收费来看是比较友好的，仅收取10%左右的服务费。

爱彼迎平台优势是爱彼迎运营更在乎用户的实际喜好和需求，还会根据用户自身浏览数据、习惯等为浏览者进行相应推荐，提供个性化服务。同时，爱彼迎对于新加入的房源会有新手红利期支持，前期在流量上会有相对倾斜。

2.途家民宿

途家民宿是全球领先的民宿短租预订平台，致力于为客户提供丰富、优质、更具个性的出行住宿体验，同时也为民宿主提供较高收益且有保障的闲置房屋分享平台。

途家民宿的优势是途家的排名与房源和平台的关联程度有很强的关系，比如会对参与促销活动的民宿给予更多的展示，也会使用途家服务（途家门锁、保洁服务等)。也就是说，使用更多途家的线上线下服务在排名上会更有优势。

3. 小猪短租

小猪短租是国内知名的短租民宿预订平台，同时也是一个具有人情味的社交与住宿社区。截至2019年5月，小猪短租在全球共有超过80万间房源，分布在全球超过700座城市，房源包含特色民宿、精品客栈、城市公寓等。

小猪短租的优势是小猪短租属于国内做得比较早的民宿电商平台，主要针对的是公寓和城市民宿，以短租为主。民宿主房源在小猪短租上的排名跟订单量、咨询回复效率、接单率等有关，也跟实拍、验证等有关。

4. 携程民宿板块

携程是国内知名的OTA平台，虽然携程不单独做民宿OTA，但是携程的客源跟其他专门做民宿的平台相比却丝毫没有劣势，毫不夸张地说，携程的客流量甚至更大，还是非常值得入驻的。

携程的优势是客源多、流量大，携程民宿和酒店的排名机制类似，都和拒单率、订单处理时间、服务质量分和活动参加力度等评价标准有较大的关系。

(四)OTA平台的开店筹备

做好OTA平台的开店筹备工作及计划，具有非常重要的意义。对从事民宿管理工作的人来说，这既是一次挑战，也是一次经验的积累。

1. 做好民宿市场调研

搜集相关资料，充分了解民宿自身的特色，包括建筑风格特点、与众不同之处等。

2. 充分了解民宿的设计标准及目标市场定位

民宿管理人员应从本民宿的实际出发，根据设计的星级标准，参照国家行业标准制作清单，同时还应根据本民宿的目标市场定位情况，考虑目标客源市场对民宿产品及服务的需求、对民宿环境的偏爱，以及在消费时的一些行为习惯等。

3. 了解民宿行业发展趋势

民宿管理人员要了解当前民宿行业的发展趋势，有一定的超前意识，不能过于传统和保守，应善于根据民宿行业的发展趋势挖掘相关的民宿元素，以发现更多商机。

4. 在民宿行业中通过产品差异化获得商机

民宿行业中的产品差异是指产品特性、性能、一致性、耐用性、可靠性、易于维修，以及样式和设计上的差异。对于同一行业的竞争对手来说，产品的核心价值基本相同，但性能和质量却有所不同。企业在满足客户基本需求的前提下，应不断创新，满足客户的个性化需求，创造更多的商机。民宿企业实施产品差异化的目的是根据客户的个性化需求进行针对性的产品开发、生产和销售，实现产品使用功能的差异化，满足客户的个性化需求，在实现的同时为客户创造最大的利益。

制造出自己的民宿产品差异可以进一步进行如下细分。

第一，民宿行业绩效差异化。即根据客户对产品的不同需求，进一步细分市场，以满足客户的个性化需求。

第二，民宿行业的差异化。即将不同产品之间的价格波动差异用于差异化营销。密切关注市场变化，抓住市场机遇，动态优化销售品种结构，销售更多高附加值产品和周期性产品。这不仅减轻了市场压力，而且获得了更高的销售价格，并创造了更多的品种收益。

第三，民宿行业规范差异化。制定合适的、具有差异化的民宿行业规范，可以更好地满足客户的个性化需求，有助于提高民宿整体销售价格。

5. 借助民宿行业市场差异化赢得商机

民宿行业市场差异化是指由特定的市场运作因素（如产品销售条件和销售环境）产生的差异，包括销售价格差异、分销差异、市场细分差异、消费习惯差异等。细分市场并把握差异，可以使企业继续扩大市场份额，实现更好的销售价格。

6. 借助民宿行业服务差异化抓住商机

在民宿行业中对服务进行差异化管理，并利用主要资源匹配主要客户，可以有效提高服务效率和服务质量。可以将客户分为VIP服务客户和一般服务客户，并为VIP服务客户建立VIP客户服务团队，为其提供技术、业务、售后服务等方面的多对一服务，并进行定期联合访问，以了解客户的期望和需求，提供最优质的服务。对于一般服务客户，将根据服务系统和程序提供定期响应服务。同时，它关注客户的个性化需求，为下游客户提供增值服务，从而在企业与下游客户之间建立了双赢的价值链。

7. 借助民宿行业客户差异化把握商机

不同的经销商具有不同的销售能力和不同的销售模式。针对这种情况，对客户进行评估再评估，并在此基础上对客户进行差异化管理，并为不同的客户提供相应的资源支持。同时，根据不同客户的实际操作条件，如操作方法、库存条件等，有针对性地提供指导，以优化企业之间的互动、协作和沟通，共同维护民宿的行业市场。

8.借助民宿行业渠道差异化寻求商机

现代企业的竞争不再是一个企业与另一企业之间的竞争，而是一个价值链与另一个价值链之间的竞争。因此，围绕客户的特定需求，通过增强渠道客户购买者价值链的竞争优势，并建立整个价值链的竞争优势（差异化），这就是渠道差异化的本质。认识民宿行业渠道的差异，建立适合产品特性和业务条件的销售渠道，对于企业的销售部门而言，是一项非常重要的工作。可以在充分发挥代理销售主渠道的同时，适度加快直销渠道的发展。加强与大中型民宿和企业的合作，建立多层次、更具竞争力的销售渠道。同时，时刻关注期货市场的变化，充分利用期货市场的对冲功能，有效避免市场价格下跌的风险。

知识链接

线上酒店/民宿入驻需要具备哪些条件呢？

一、准入门槛

传统思维是先入住平台，再想办法积累酒店/民宿资源，但是平台审核时，若没有大量优质酒店/民宿资源是不允许入住的，并且平台是封闭性的，不再开放入住，如果没有专人引荐，外行人基本进不来。

二、酒店/民宿合作

酒店/民宿的合作全是线上合作，不可能线下一家一家地走访，但是线上一般人只能找到酒店/民宿前台或者客服的电话，如何和酒店/民宿进行有效的、大量的渠道沟通，许多人几乎无法掌握，也不懂一些合作技巧话术，所以对外行人来说入行是最难的。

三、垫资

因为平台给代理商结款是客户离店后的15—30天，但是OTA平台代理商给酒店/民宿结款却日结、周结、月结的都有，所以中间就产生了垫资。如果一个人连起步周转资金都拿不出，也是很难进行操作的。

（五）民宿相关OTA平台的管理

民宿相关OTA平台的管理包括如下内容。

（1）宣传推广、活动策划及日常运营，以便后期能协助民宿负责人制定年度、季度、月度各店铺的运营策略计划并执行。

（2）充分了解和掌握各OTA平台运营模式，熟悉店铺的所有民宿及订单提交、订单处理、客户服务等各项流程。

（3）分析总结竞争对手、行业信息、民宿产品信息等调研信息，确定调研结果，为民宿行业总体战略制定提供相关数据。

知识链接

酒店/民宿OTA的利和弊

未来，住宿业将不再被单一的模式和标准所统一而会出现更多的营销方式。在这一进程中，关于具体的剖析及如何系统运用的讨论不多。

跟OTA的合作能够帮助酒店/民宿获得更多来自网络的订单。这里指的OTA主要是能够为客人直接提供订房服务的网络订房中心。随着信用卡、支付宝以及智能手机的普及，酒店/民宿跟OTA的合作模式也渐渐由最初相对单一的现付模式转化为各种多元化的合作模式。

不过不管是主动合作的现付模式、预付模式，还是被动的代理合作，酒店/民宿还是在最大限度上丰富了自己的产品，给了客人更多的选择，达到了网络上的收益最大化。如果酒店/民宿能够将这三种形式分别加以利用，给出合适的价格梯度，并且加以严格的限制和灵活的控制，相信能够使酒店/民宿的整体收益更上一个台阶。

一、OTA与酒店/民宿系统"脱节"

很多酒店/民宿与OTA之间的系统并不连通，所以一些OTA平台是在用户下单后，客服人员才拨通酒店/民宿前台电话进行预订。因为渠道多样，在合作上必然存在深浅，有的渠道预订信息可能由于未及时处理或等到处理时已经没房了，或是已优先给了重要渠道等，导致在OTA上完成预订的客人无法入住，这种现象在旅游旺季时有发生。

此外，OTA和酒店/民宿自身两个系统也并未实现同步，若OTA系统和酒店/民宿管理系统今后能在技术上革新，实现同步，上述现象或将得到改善。

二、客源争夺愈演愈烈

事实上，OTA系统和酒店/民宿管理系统的不同只是OTA与酒店/民宿之间不和谐的一个缩影。在业界看来，酒店/民宿与OTA的关系，虽难舍难分却又纠缠不清，一方面，酒店/民宿品牌因在直销、流量以及平台建设方面的短板，不得不借助于第三方OTA网站进行导流；另一方面，OTA平台为抢夺市场而大打价格战，并最后让酒店/民宿买单的行为让酒店/民宿品牌苦不堪言。

三、模式是美好的，市场是残酷的

对于企业经营而言，不管是OTA还是酒店/民宿，其核心目标都是为了实现自身的整体收益最大化。这一点，导致了OTA和酒店/民宿必然会进行博弈，以便最大化其收益。在博弈过程中，OTA最希望看到的，是自己的流量变得越来越有价值。因此，OTA会不断要求酒店/民宿给予更好的价格和产品政策，以提高其流量转化能力；会不断要求酒店/民宿给予更高的佣金比例，以提高其流量收益能力。而酒店/民宿为了保护自己的佣金议价能力和盈利空间，势必不希望对OTA产生太大的依赖性，因而在保护价格体系、平衡多渠道分销、自建直销渠道等方面会进行不懈努力。

四、要求独家合作、最低价产品

各大OTA要求独家合作、最低价产品，不断掠夺酒店/民宿定价权，而OTA之间的价格战和各种返现手段，冲击了酒店/民宿自身的价格体系和直销体系，给酒店/民宿的经营带来了很大的困扰。

然而，在信息化大趋势下，未来酒店/民宿将会以独有的大数据为基石，联合行业内领先的OTA和PMS供应商，打通行业住前、住中、住后数据，建立行业的大数据生态环境，并在此基础上，针对酒店/民宿品牌管理、运营管理和收益管理等不同需求，提供相应的大数据解决方案，帮助酒店/民宿提升智慧。

任务二　OTA平台的引流策略

一、引流的概念

引流，顾名思义，就是引导流量的意思，是指通过一些手段将目标用户的流量引导到自己的网站或产品上。"引流"是互联网行业用语，指将网络上的流量引导到某个目标网站或应用。通常，这个目标是一个商业网站或应用，希望通过吸引流量来提高知名度或销售额。有时候，人们也会使用"引流"来描述将流量从一个网站转移到另一个网站的过程。在这种情况下，人们可能会将流量从一个高流量但低质量的网站转移到另一个高质量的目标网站。

引流是互联网市场营销中一项常用手段。通常情况下，公司会通过创建有吸引力的内容（如博客文章、视频、图像或应用）来吸引流量，然后公司会通过在这些内容中植入广告或链接来实现引流。

在互联网行业，引流一般指通过各种手段，将目标用户的浏览量、点击量引导到自己的网站或产品上。通过引导目标用户到自己的网站或产品上，可以大大提升企业或者个人的知名度和影响力，带来更多的客户和生意机会。无论是企业还是个人，都可以通过多种方式来进行引流。常用的方法包括SEO优化、内容营销、社交媒体营销、广告投放等。其中，SEO优化是一个非常有效的方法，可以通过优化网站内容和结构，使其在搜索引擎上更易于被目标用户找到。内容营销也是一个不可多得的方法，可以通过制作有吸引力、有价值的内容来吸引目标用户到自己的网站。

通过SEO优化、内容营销、社交媒体营销、广告投放等方式，无论是企业还是个人，都尽力将自己的产品或者服务推广给更多的人。而引流正是帮助企业或者个人实现这一目标的有效方法之一。另外，广告也是一个很好的方法，可以选择适合自己产品的平台来发布广告，将目标用户引导到自己的产品上。

二、OTA平台引流的意义

当前，我国住宿消费结构中，入住民宿的客人比重日益增加。随着移动互联网、电子支付、大数据、人脸识别科技的应用与发展，民宿行业的信息化水平得到极大提升，但整体上，民宿发展规模依然偏小、实力较弱，难以形成专业的运营平台以及开展规模化的宣传推广。在此背景下，利用发展相对成熟的OTA平台，通过网络向旅行者提供旅游产品和服务预订，成为大多数民宿获客的重要渠道。对此，充分了解平台客群特点、运营规则、运营技巧以及违规惩罚机制等，可以让民宿主有效规避风险，进而帮助民宿迅速发挥OTA渠道效能，引来源源不断的客流。

随着国内民宿线上预订平台的不断发展，美团民宿、途家民宿、携程民宿、小猪短租等平台逐步成型。其中，携程民宿、美团民宿已成为体量较大的OTA平台，两大平台均以提供酒店预订业务与民宿预订业务为主，携程民宿业务由途家运营，美团民宿有专门的运营板块，利用携程、美团各自的App上的流量入口，发掘潜在的民宿客户。

事实上，OTA平台的成功运营能够有效提升民宿曝光访客量以及访客转化率，进而达到提高民宿整体入住率和整体收益的目标。换言之，OTA订单量与民宿曝光率和转化率两个指标密切相关，曝光率和转化率越高，民宿的订单量就越多。

知识链接

酒店OTA三大指标

OTA三大指标,包括曝光率、浏览率、转化率。做好OTA不是简单地做好评分,而是一个系统的工作,需要有数据分析,各个数据指标又相辅相成。要从OTA三大指标的关键因素出发。

一、曝光率

提升曝光率的实操方法如下。

1. 平台付费推广

提升排名较快的方式是挂牌，但是挂牌需要满足平台收益线，可以考虑平台付费推广。比如金字塔，充值金字塔进行广告投放，设置广告关键词，同时参加其他广告活动，让更多客人到酒店体验。

2. 活动搭配设置

平台在不同时期会推送不同活动，不建议全部房型参加同一活动。而应该进行合理的活动搭配，比如针对新客户参加一个8.8折的活动，同时针对老客户参加天天特价活动，这样就能避免老客户因无法参加活动而流失。

3. 酒店名字SEO优化

每个酒店都有商圈热点，比如机场附近的酒店，在名字中可以增加"机场店"后缀，客人搜索机场时就会增加酒店曝光率。

4. 酒店商圈

酒店挂携程金牌后可申请3千米以内的双商圈，所以一定要记得跟业务经理申请，增加曝光率。

5. 房价

平台的价格一般是有一个区间范围的，比如携程会有150元以下、150—300元、300—450元、450—600元以及600元以上的价格。酒店价格应尽可能满足平台各个区间，保证不管消费者选择哪个区间，都可以搜到自己的酒店。

6. 属性标签

有的标签通过业务进行申请，比如商务出行、地铁周边等。有的是通过参加活动获得，比如天天特价。很多消费者会关注标签，所以，应合理参加活动，获得更多标签，以增加曝光率。

7. 评分

评分是影响酒店排名的关键因素，4.8分以上的酒店更受消费者青睐。那么，怎么提高评分呢？

应从服务和酒店设施入手，切实提高消费者体验，消费者满意了自然会有好评。很多经营者遇到差评，第一时间就会考虑如何删除，这肯定是不行的。平台有差评是正常现象，关键在于经营者如何回复和处理，通过回复内容达到宣传效果则是比较好的一种方式。

8. 酒店类型

配套服务设施等一定要真实，以减少客人的投诉。

二、浏览率

提高浏览率的实操方法如下。

1. 酒店首图

首图的主要目的是吸引消费者眼球，必须在列表页与众不同，比如周边酒店使用的是酒店外围环境作为首图，那我们就可以选择房间图片作为首图，避免消费者审美疲劳。

2. 评分和评论数量

评分和评论数量也是影响浏览率的重要因素，客人偏好4.8分以上的酒店。切记不要刷单，平台是杜绝的。前台要引导客人好评，从根本上解决评分的问题，并根据客人的建议积极调整，这样才能形成良性循环。

3. 引流房型和预订热度

携程外网会显示最低价房型的房型、房价、折扣以及房量，所以做引流活动力度要引起重视，活动力度越大越能引起消费者青睐。当引流房量低于5间，外网会展示仅剩几间，可达到饥饿营销的目的。一般来说，消费者都有从众心理，预订热度越高则越受欢迎，所以要推行线下扫码、线上推广等多种方式，以保持预订热度。

三、转化率

提升转化率的实操方法如下。

1. 房型首图

尽量设置房间全景图片，切记不要用卫生间的图片。

2. 房价

设置价格可以采取一定技巧。比如158元的房间，可以设置成"满208元减50元"的活动，会更吸引消费者。

3. 入离时间

可以根据酒店出租率的情况进行调整，比如出租率不是很高，周边酒店的入住时间是14:00之后，可以调成12:00之后，从而增加酒店的竞争力。

4. 酒店介绍

不要简单介绍，尽可能多地介绍酒店的优势，比如离地铁站的路程，进行多角度展示。

5. 取消政策

平时可以设置为18:00之前免费取消，节假日可以设置成付费取消。

6. 酒店图片

酒店的图片切记一定要真实，不然很容易招致投诉。

7. 房型活动

可以适当地参加房型活动，以提高曝光率。

三、影响民宿在OTA平台曝光量的主要因素

一般来说，影响民宿在OTA平台曝光量的主要是筛选入口、价格和房态，以及排名、营销活动等因素。

曝光量，是指在一定时间内民宿在OTA平台上的用户浏览量。当用户在平台上搜索目的地相关民宿时，排名越靠前的民宿受关注度越高，获取的流量也就越多，而销量收益、合作度、点评分（好评率）、接单时长、拒单数、违规次数、房态良好度（库存、保留房）、活动参与度等因素都将影响民宿在OTA平台上的排名。OTA平台会根据自身规则计算出民宿在上述各方面的综合得分，并按照评分对应的服务等级标准优化民宿在展示页面的排序。此外，各OTA平台也开发了多种营销工具，推出各种促销和优惠活动，民宿可结合自身实际情况选择参加活动，在站内进行推广，提高曝光量。

（一）筛选入口

对于筛选入口来说，预订诉求明确的客人会在搜索框内输入关键词进行搜索，搜索关键词频率较高的有地标、设计风格、房型、设备设施等。因此，民宿主在标注民宿客房信息时，可突出备注地标、民宿风格、商业区、热搜关键词、周边景点、交通站点、娱乐设施等方面的信息，让民宿尽可能覆盖多个筛选入口，以此来提升曝光率，引导客流量。对于诉求不明确的客人，各OTA平台设置了专题板块和榜单，如网红民宿、必睡清单、名宿品牌馆等，民宿可以通过研究入选规则，争取进入，以获取更多的曝光机会。

（二）价格和房态

特别要指出的是，消费者在OTA平台预订民宿时，价格是很重要的筛选指标。如果客人选定某一价格区间，那么范围外的民宿将会被屏蔽。因此，民宿可以参考各OTA平台上的价格区间，针对不同房型设置梯度价格方案，尽量覆盖更多的价格区间。值得注意的是，在相关OTA平台进行关房操作可能造成民宿推荐排名靠后，如非满房或其他特殊情况，建议民宿不要采取关房措施。

四、民宿在OTA平台的引流措施

（一）正常引流

1. 做好线上推广

通过民宿的专业平台，如小猪、蚂蚁、途家、美团、路客这样的民宿品牌平台，可以获得客流的流量。同时，也可以在每一个房间里设置自己的小程序培养自己的回头客作为再次引流的群。如果民宿体量大，有一定的风格位置的郊区及接近自然的情况下，可以去一些大的单位和政府机关寻找固定的团建客户。也可以增加新媒体渠道引流。

2.百度推广

竞价排名要做,但是要用心研究,百度推广是很好用的工具之一。

因为搜索引擎推广是精准的,只有客户需要,并搜索关键词,才能看到商家的广告以及商家发布的信息。

3.信息流

可以在今日头条上做推广展示。随着短视频的兴起,今日头条整合了西瓜视频、火山小视频、悟空问答、抖音等这些平台,所以流量是非常庞大的,而且传播性大、互动性强、点击率高。互联网上聚集着大量的平台,只要善于利用,会大有可为的。网络推广是利用互联网进行宣传,以提高知名度,网络推广的优势如下。

(1)覆盖面广,跨地域性强。互联网没有地域限制,信息一经发布,不管在哪里都可以看到。

(2)网络推广的信息传播速度快。

(3)现在人们购物,不管是在线下还是线上,一般都会事先在网上搜索了解一番。网络推广可以通过做排名、口碑等,这样,当消费者搜索到就会去了解查看,再决定是否购买。

(4)网络推广的内容,如果是高质量的,会在网上存在时间久一些。

知识链接
Zhishi Lianjie

如何做好线上引流

一、设计好的产品

在做线上引流之前,首先要设计民宿产品的人群定位,再找到这一人群的喜好点,还要设计符合互联网玩法的产品。比如:你能给客户带来什么好处?客户通过你导流能获取什么优势?如果没有这样的产品设计,客户会发现你的产品不在互联网销售也是一样的,那客户就会对你的线上推广失去兴趣。

检验标准:如果你的产品推广出去后,没有人咨询,就说明你的产品设计内容有问题。

二、合适的平台

设计好产品后,就要选择适合的平台发布。在投放选项上有一个原则,就是客户出现在哪里,就选择投放在哪里,同时也要计算好成本和产出的比例。

检验标准：如果在发布后，没有阅读量或流量，就是平台选择问题。

三、优秀的客服

设计了好的产品，选择好了适合的平台，现在该优秀的客服登场了。客服是转化成交的步骤，需要客服有设计好的话术，以及各种设计好的成交技巧，还需要给客服一定的权限，对于是否有折扣、售后退换货等都需要一定的权限，再加上合适的奖励成交机制。

检验标准：咨询得多，成交得少，就是客服的问题。

四、质量是生命

质量是生命，这是最重要的。因为就算你推广做得再好，质量如果不好，也只会加速你的品牌坍塌，有百害而无一利。任何时候，一定要确保产品质量。质量是生命，不是一句空话。

检验标准：没有回头客，没有客人介绍客人转介绍成交，就是产品质量欠缺。

五、学会调整

根据以上几点对应的问题，不断做出从产品到策划，从内容到成交的调整。根据检验标准，判断在哪个环节出了问题，迅速进行相应的整改。

（二）有效提高转化率

一次完整的转化过程包括一级转化、二级转化等。具体而言，用户登录OTA平台由曝光列表页进入详情页浏览是一级转化，由详情页浏览到订单页浏览并提交订单则是二级转化。

提升民宿转化率，首先要解决的是提升一级转化率，民宿主可以从首图、标题、标签、点评分等方面着手。随后，民宿主可以通过良好的房源描述、信息回复、退订宽松度等手段提升二级转化率。

1.挑选首图

用户浏览房源的时候，在列表页能够看到的主要信息是首图，这也是用户对民宿的第一印象，直接影响用户是否愿意打开民宿详情页面。首图应尽量选择民宿的外观图，若无合适的外观图，也可以选择房型图。

在挑选首图时，需要把握以下几个原则。

（1）要注意突出民宿的特色与卖点。

（2）要与周边民宿首图有差异，尽量选择在色彩、类别上都与其他民宿有差异的图片。

（3）要补充短视频，展示更全面的信息，以更好地提升转化率。

2. 撰写房源信息

OTA平台给予民宿主个性化撰写房源信息的权利，民宿主在描述房源时应注意精简清晰、突出重点，客观描述民宿的核心优势，如品牌等级。文化和旅游部与全国旅游标准化技术委员会根据《〈旅游民宿基本要求与评价〉（LB/T 065—2019）及第1号修改单实施工作规程》持续开展等级旅游民宿评定工作。2023年，41家旅游民宿符合甲级旅游民宿标准，30家旅游民宿符合乙级旅游民宿标准。这一荣誉"含金量"颇高，不仅因为此荣誉由国家颁发，获颁荣誉的民宿数量更是不多，从而彰显入选民宿的品质等级。此外，有了这一强背书的民宿品牌，将在用户入住前建立与民宿的信任感与安全感，直接提升曝光率与转化率。

3. 提供房源周边信息

为帮助客人确认房源匹配其需求，建议民宿主不仅要关注房源本身，还要为客人提供房源周边的交通情况、配套设施、景观资源等相关内容的准确信息，如房源与机场、火车站或公交站的距离、自驾车线路等。此外，若客房需要描述的内容较多，那么美观的排版介绍十分必要，争取信息类标签、活动类标签和服务类标签等平台推出的多个标签，也可以帮助民宿精准地吸引目标用户，促进最后下单转化。

4. 提升评分

评分，是民宿在运营过程中不断积累的结果。要提升OTA运营效果，民宿的评分要保持在4.5分以上，否则转化率会大大降低。刚上线的民宿，由于缺少评论和分数，较少为客人预订时提供有效参考信息，导致转化率相对较低。针对这一情况，建议民宿在刚上线的时候，设置一段时间的试运营期，将房间设置一个相对较低的价格，多征询入住客人的意见，并为其准备一些伴手礼，获取客人的好评，以此来提升房客初期的信任感。

5. 处理在线咨询

OTA平台信息上汇聚海量民宿信息，但仍有很多客人习惯在预订前进行在线咨询，民宿要在第一时间进行回复。一般来说，回复越及时，获得订单的概率越大。对于咨询较多的高频问题，民宿可以进行归纳整理，编辑答案后设置自动回复。

6. 设置退订制度

客人在预订民宿时，退订政策的灵活性也是成交与否的一大决定因素，民宿可以通过制定宽松的退订制度来促进客人下单。很多房客提前预订期较长，客人对未来行程安排具有不确定性，如果民宿退订制度过于严苛的话，民宿很可能失去这部分客人。因此，民宿可以科学设置，如建立常规取消、阶梯取消和30分钟内免费取消等订单取消规则。

OTA运营是民宿运营的重要一步，上线才能获得互联网流量，平台通过网络向旅行者提供旅游产品和服务预订，成为大多数民宿获客的重要渠道。凭借操作效果好、运营成本低、花费时间少、成长快的优势，OTA运营已然成为民宿运营的重要流量渠道。

(三)建设以社交媒体主导的营销渠道

传统营销中惯用媒体，不仅成本高，而且内容承载量有限，而社交媒体则可以给民宿营销带来意想不到的好处。以微博为例，网友可以通过照片、短视频、直播、问答、视频栏目等，在未到达民宿之前就先身临其境，看到其真实的风貌。而微博又推出了360°全景图，成为广大微博用户新的晒图工具，在用其为民宿营销的同时，微博也可以通过大牌明星和网络红人"带队"，带领用户一起嗨、一起晒。真人秀、全景图片、视频日记、目的地签到、集卡等新形式的融合则为用户呈现了更多、更有趣的内容，提供了更潮、更时尚的玩法，呈现出更多视角、更丰富内容的住宿体验。

总之，微博、小红书、抖音等都获得了众多高端品牌商的青睐，所以旅游市场也必须活在当下，充分利用有效的社交媒体，实现高效、真实的引流。

(四)做新媒体矩阵

抖商指抖音电商，通过抖音短视频展示自己的作品和产品，可以快速打造个人IP和产品宣传，让用户剧增，然后通过产品橱窗、淘宝店、微信等转化变现，曝光速度远超其他网络平台。随着5G时代的来临，下一个风口可能会是"抖商"。企业如何精准地触达目标用户，品牌如何有效地和用户进行深度沟通与互动，成为各大企业的营销痛点。在全民注意力逐渐向短视频阵地转移的今天，品牌商如果想打造营销爆款，抖音等已经成为其无法绕开的平台。

知识链接

如何做好OTA数据运营

一、如何增加流量

首先要分析本店的流量，从曝光量和曝光转化率两个方面，找到流量不足的原因。

1. 了解本店流量概况

在数据中心→诊断报告→日报页面，商家可以看到当天实时的访客量。

要判断本店流量水平,需要在更长时间周期内,进行横向、纵向对比。在数据中心→市场分析页面,可以查看本店昨天、过去7天、过去30天的总体流量概览,民宿还可以对比查看竞争圈酒店的平均水平。

2. PSI质量分

PSI服务质量分分值是本店在携程平台上流量竞争力的体现。

3. 判断流量提升方向

流量＝曝光量×曝光转化率。若本店流量低于竞争圈均值,商家就要分析是哪个环节出了问题,弄清楚是本店排名靠后导致曝光量不足,还是列表页起价、点评、首图存在问题影响曝光转化率。

4. 流量分析

商家每天可以查看流量分析页面,了解本店昨天、过去7天、过去30天获取的流量情况,与竞争圈民宿进行横向对比,再结合民宿排名等数据,找出流量不足的原因。

流量来源分析:要提升曝光量,在流量分析页面了解一家民宿的流量来源。如果一家民宿的主要流量来源是"筛选及关键词","城市搜索"在OTA流量占比中一般都较高,但本店这一部分的流量只有20%左右。要实现流量的跨越性提升,提升城市排名是该民宿的一个突破点。

曝光转化率(列表页到详情页)分析:流量分析页面→成因分析展示了本店与竞争圈民宿相比,在起价、图片、点评三个方面的优劣之处,以及改进建议。若民宿曝光转化率低于竞争圈平均水平,应及时找到与竞争对手的差距,并进行针对性优化。

二、如何优化民宿排名

基于以上影响排名的主要因素,民宿可以进行逐个改善。虽然民宿位置距离通常无法改变,但是可以通过改善其他的排名影响因素,达到有效改善排名的目的,具体方法参考如下。

1. 位置距离

要完善民宿位置信息,文字准且定位准。因为绝大部分的用户是靠着这个定位上门的。

2. 民宿信息

完善各类民宿信息,保证其真实性与完整性。不断优化民宿图片,尤其是真实又美观的头图更为重要,每个图片类别都有多张照片可供参考。保证可拨通的联系电话、详细准确的酒店详情信息,会提高订单转化率和客户满意度。

3. 方案价格

尽可能给出有竞争力的报价和种类丰富的房型,维持民宿房间稳定供应,以保持民宿在平台的销量稳定且持续提高。

4. 民宿评分

改善服务水平,努力提高民宿评分,鼓励用户给予民宿好评,鼓励用户收藏民宿。减少客户投诉,尤其是因发票问题、到店无房、到店加价等问题引起的投诉。

5. 活动标签

参与天天特价、门店新客等商家活动,发放商家券吸引用户。多争取活动标签,努力挂牌。当不知道该怎么做的时候,可以多跟业务经理沟通。

6. 间夜量

间夜量是民宿在平台受欢迎度的体现。民宿用心经营,自然会获得回报,进而进入良性循环。要提升民宿间夜量,民宿必须全方位入手,提升民宿经营水平。

成都索菲斯锦苑宾馆概览如图4-5所示,可供参考。

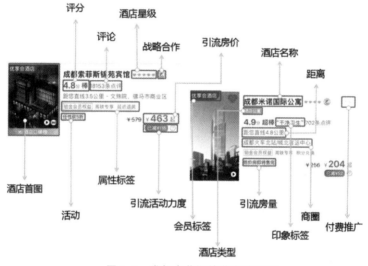

图4-5 成都索菲斯锦苑宾馆概览

任务三 OTA平台的运营策略

课堂讨论

OTA操作流程

一、建议

建议采用到店现付、月结返佣的合作方式。

二、操作流程

1. 房务部

(1) 随时关注OTA后台预订提示,并及时处理;

(2) 及时告知前台预订房型及网络订房中心名称。

2. 前厅部

(1) 按OTA接待标准流程接待;

(2) RS单注明网络订房中心名称;

(3) 分类单独存放网络订房中心结账单据。

3. 销售部

(1) 认真填写OTA客人入住房型、房价、天数表格;

(2) 月底前台结账单及统计表分类交予财务部;

(3) 每日与前台核对OTA客入住/离店时间及天数;

(4) 关注网评并及时回复。

4. 财务部

(1) OTA后台操作结算审核;

(2) 手工统计表及前台结账单、OTA生成账单审核;

(3) 审核完毕在指定时间内完成返佣。

思考:上述各部门在OTA平台运营中有哪些不足之处?

一、OTA平台运营的概念

OTA指在线旅游,是旅游电子商务行业的专业词语,定义是旅游消费者通过网络向旅游服务提供商预订旅游产品或服务,并通过网上支付或者线下付费。换言之,就是把住宿、旅游等产品和服务放到网站去售卖。

国内主流的OTA平台有三大系(见图4-6):一是携程系,包括携程旅行、去哪儿、同程艺龙等;二是美团系,有美团旅行、美团点评等;三是阿里系,主要有飞猪、淘宝、支付宝、高德地图等,都有端口。另外,还有其他的,如马蜂窝、驴妈妈、途牛等,国外的有Booking、Agoda、Expedia等,这些是以酒店业务为主的。另外,还有民宿业务,主流平台有途家民宿、小猪短租、木鸟短租、蚂蚁短租等。

OTA平台运营就是维护酒店/民宿的后台,主要围绕曝光和转化两大指标去维护,分析现有的门店后台各项数据情况,诊断存在的问题,思考怎么去提升和优化。也就是在遵守OTA平台规则的前提下,充分利用OTA平台的规则,并且充分调动酒店/民宿一切可以利用的资源,经过数据分析研究,以达到酒店/民宿收益最大化的一项工作过程。OTA平台运营具体包括:负责公司的宣传推广以及日常运营;使用营销工具进行产品及店铺推广,提升销售业绩;根据流量、咨询量、转化量、推广效果等数据做全方位的阶段性评估;维护所属区域内的度假线路等。

图4-6 常见的OTA平台

二、OTA平台运营的特征

(一)轻人工

如果合作的酒店订单具有一定的稳定性的话,一个人可以操作20—30家酒店/民宿。如果工作人员做的是处理订单的客服工作,可以随着酒店/民宿数量的增加再去增加人手。

(二)高准入门槛

不同于传统的电商平台,OTA平台入驻并不是完全开放,也没有专门的代入驻,一般来说,外行没有内行人领路的话是比较难进入这个行业的。

(三)低风险

轻资产运作,无须投入太多的钱,没有资金上的风险,不需要囤货。由于不是提前囤货或者买断房间,所以不必承担房间空缺的风险,也不需要花钱打广告或者付费推广,正规平台正规运作,整体上资金较为安全。

(四)不限制工作场地

几台电脑、几个员工就可以开展业务,一台电脑就可以掌握后台业务。

(五)发展前景可观

只要旅游行业一直存在,代理商就可以长期开展业务,酒店/民宿也需要代理商来协助出售房间。业内的从业人士并不多,也有不少人在考虑入行,对于创业前景而言，的确是一个朝阳产业，是受到创业者青睐的，所以这个行业可发展性还是很强的。

三、OTA平台运营的关键点

（一）曝光量

曝光量指的是在一定周期内相关信息被多少OTA平台客户看到。一般来说，酒店在OTA平台的曝光量具体来自列表页的呈现，呈现形式为精简的关键信息内容卡片。列表页的曝光量具体有两种来源：一是客户查询所得的搜索结果列表页，二是客户单击主题活动进入参与该主题活动的酒店列表页。当客户仅设定城市、入离日期、价位、星级等非地标性条件来查询时，列表页就会依照系统默认的欢迎度排序来呈现。

（二）访客量

访客量指的是一定周期内单击访问详情页进行浏览的人数，即常说的流量。曝光量并不等同于访客量，只有客户点击进入了详情页，流量才会产生。流量由列表页曝光转化而成，只有提高曝光转化率，才可以促进流量的提高，而曝光转化率由酒店/民宿呈现在列表页的命名、主图、底价、具体位置等信息内容所确定。

（三）转化率

转化率指的是一定周期内平台订单数占访客量的比例。转化率＝支付订单量/访客量。

这一点可以从打造价格优势入手，无论产品如何，价格永远是影响顾客选择的一个重要因素。选择合适的价格第一点就是与竞争对手相比，要有一定的价格优势。在OTA平台，顾客进行浏览时，各个民宿的价格一目了然。在这样的情况下，要怎样在竞争对手中脱颖而出，通过价格吸引住顾客的目光就是民宿需要考虑的重要问题了。而快速的方法就是参与平台的促销活动，通过促销活动做到比竞争对手的价格低，从而提高预订的转化率。同时，在设定价格的时候，要尽可能多地覆盖价格区间，提升民宿的竞争优势。

总之，一家酒店/民宿的支付订单量想要提高，流量与转化率缺一不可。从列表页到详情页，从详情页到支付订单填写页，从填写页到提交页，每一个阶段的转化率都能看出一家民宿在OTA平台的销售量占比。三个环节每一个都缺一不可：没有曝光就没有访客，没有访客就没有转化；曝光是前提，访客是基础，转化是根本。只有做好每一个环节，才能获得更多的顾客，从根本上提高平台的营业额。

民营OTA运营小技巧

知识链接

OTA模式下酒店/民宿的营销策略

在OTA占据巨大流量资源的市场环境下,住宿行业应该以积极理性的眼光看待OTA,采取一定的策略,充分合理利用OTA渠道来正面提升酒店/民宿曝光美誉度,最大限度地避免利益被侵蚀,同时通过引流开辟自有渠道来提高客房收益。

一、打造酒店/民宿自媒体平台

酒店/民宿需要能够和顾客进行沟通,而自媒体平台,如抖音、小红书、微信等可以以资讯推送的形式将酒店/民宿服务信息直接送达顾客,引导顾客二次消费并且形成酒店/民宿的忠诚会员。

二、打造企业联盟

为了应对OTA对流量的把控,有实力的连锁企业也在进行一系列的并购,打造企业联盟。

比如,锦江酒店与锦江股份、锦江资本、联银创投、西藏弘毅、国盛投资及符合约定条件的投资人订立股东协议,共同斥资打造WeHotel,建立酒店联盟。

这样做有利于资源整合,有效提高运营效率和降低服务成本。最重要的是能够将所有酒店/民宿的会员信息整合,逐渐构建起一个共享上亿会员的庞大网络,最终打造一个基于移动互联的共享经济平台。

三、和OTA平台深入合作

OTA平台为了加强线下酒店/民宿体验化,挑选部分实力高星酒店/民宿,与之深入合作。

比如,御庭酒店集团、美豪酒店集团、粤海(国际)酒店集团等选择和携程战略合作升级,完善酒店/民宿新型生态圈。

随着市场和消费者习惯的变化,酒店/民宿应与时俱进,保持预订渠道最优化、收益最大化。在加强自身手机端网络预订、会员体系的同时,因地制宜、策略性地与OTA平台合作,是符合酒店利益的。

四、加强自身转型建设

传统酒店/民宿经营模式已不能满足顾客住宿需求,酒店/民宿需要积极、全面地了解顾客偏好,加快转型速度,跟上酒店/民宿发展潮流,迎合顾客的消费口味。

比如,为了增强个性化和体验化,日本开创书店式主题酒店,客人看书看累了,就可以在书海里睡觉。

五、采取积极的营销策略

在线营销在不断地进化演变,这意味着酒店/民宿的营销策略必须跟随最新的数字潮流和算法改进。营销团队应始终聚焦在积极管理、整体在线营销战略及最优化营销优势上,只是维护网站和优化关键字,就期待网站流量突然大涨是不现实的。成功与否的衡量,在于营销战略是否积极,品牌在各类渠道上是否有持续的存在感。

六、参与城市智慧项目建设

为了旅游业的发展,某些旅游业先进地区政府已主导智慧城市的建设,这对住宿、餐饮等商户来说是不可多得的机会,智慧化是住宿行业未来必然趋势,而作为智慧城市的一分子,酒店/民宿背靠智慧旅游城市这棵品牌大树,自然会招徕更多的顾客。同时,酒店/民宿可以调动自有资源、整合差异化资源为周围社区、机构、团体服务,除了住宿,社区可以共享酒店/民宿及周边的餐饮、娱乐、健身等服务,智慧社区跃然眼前。

七、使用智慧管理软件

如今,随便走进一家餐饮、酒店商户,都能体验到管理系统给企业带来的便利之处。管理系统功能强大,具备客户管理、评价查询、服务展示、一键支付、微信托管、数据统计、消费支付、周边资讯推荐等基本功能,可以帮助企业降低管理成本,提高运营收益。

四、OTA平台运营措施

在住宿行业,民宿是一个特别的存在。民宿很特别,民宿老板也很特别。很多人开民宿的初衷,是追求"诗与远方",是"理想的生活",是"浪漫的情怀"。理想是激发他们做民宿的初心。

虽说"不忘初心,方得始终",但想要把理想始终如一地坚持下来,其实是很难的。在激烈的市场环境中,想要保持做民宿的初心,就不得不考虑现实问题:当并不理想的收益难以支撑理想时,我们的"诗与远方"又该何以为继?

说到底,无论民宿承载了民宿人多少的"诗与远方","情怀与理想",归根到底它还是属于服务行业,一个住宿行业的服务业。在激烈的市场竞争中,民宿早已不是一件浪漫的事情。理想归理想,现实是现实,即使是民宿人,也不得不去考虑收益、出租率、间夜、房价、OTA运营等问题,民宿也被房价不高、入住率不高、收益不高、OTA排名不高等这一系列的问题困扰。只有当解决了这些问题,民宿才能更有底气地去谈"诗与远方",谈"情怀与理想"。这并不是说理想与现实是冲突的,我们在追求自由之前,是需要先突破自由的。因为自由在高处,而"诗与远方"在远处，抵达远处之前，我们要先走好脚下的路。

那么，民宿人该怎么走好脚下的路呢？换言之，民宿运营应该怎么去做呢？

民宿和酒店是一样的，区别在于它们是住宿行业的不同业态。酒店运营的思维也同样适用于民宿行业。同样，酒店运营的公式也适用于民宿行业：订单量＝流量×转化率。

民宿的收益也受流量和转化率这两个因素影响。一般来说，民宿的体量较小，产品虽少却很精致，每一家民宿都有鲜明且突出特色。做民宿的人一般都很有情怀，同样，选择民宿的客户也具有情怀，随着"80后""90后"成为社会的主力，消费的选择变得更加多元化，未来市场中，民宿是能够占有比较大的市场份额的。因此，民宿的流量市场也是比较可观的。

其实，对于民宿来说，尤其是体量小的民宿，流量和转化率这两个要素不一定要全部占据，只要做好其中一个，提高民宿的收益并不是很难的一件事。很显然，对于民宿来说，转化率显然更加重要。

为什么这样说呢？

假设我有一家小体量的民宿，只有10间房。如果我每月的出租率维持在50%及以上，我就能兼顾"理想与现实"，我的民宿就能承载我的"诗与远方"。那么，我应该如何去保证这50%及以上的出租率呢？

一个简单的思路：前期，我可能需要大量的流量来提高我的曝光率，提高我的知名度，到了后期，我可能就不需要太多的流量，而是想尽办法提高现有流量的转化率。维持一个还不错的出租率，对于体量小的民宿来说不是那么难，至少比体量很大的单体酒店简单。体量很大的单体酒店，尤其是那些非品牌的、非连锁的酒店想要提高出租率，就得不断地扩大流量入口，以量取胜。但是对于民宿来说，它是以质取胜的。对于10间房的民宿来说，只要每天卖出5间房，就能把出租率维持在50%及以上了。所以，问题不在于是卖5间房还是7间房，而是如何卖出这5间房，这就是转换率的问题了。

民宿开起来容易，如果没有客户，就肯定亏得什么都不剩了，所以民宿的经营方式和营销策略很重要。

现在，人们对于旅游的需求越来越强烈，出去旅游很多时候不是只玩一两天，可能在3天及以上，所以很多年轻人也看到这个机会回家自己开起了民宿。但是民宿开起来容易，如果没有客户，就很难维持下去，所以民宿的经营方式和营销策略很重要。

其实对于民宿来说，光靠情怀是不行的，情怀也需要物质来支持。民宿运营效果的一个重要指标，就是入住率。而入住的来源，主要就是通过携程民宿、美团民宿、去哪儿、爱彼迎等平台，而这些平台，就是我们所说的OTA平台。

随着智能手机和移动支付的普及，使用OTA平台的人也越来越多，所以越来越多的民宿也开始重视OTA平台运营。那么，如何做好OTA平台运营呢？

首先，要先完善民宿基础信息。民宿名称、图片、位置、房型、价格等，这些信息最好展示清楚。比如，双床房，客人可能会担心能不能睡下四个人，最直观的展示方式就是床上放四个枕头，这样就能清晰地看出来了。而针对民宿的名称，尽可能包括多的地点信息，因为住客在搜索时不一定知道这家民宿的名字，多一些地点信息，就有更大的概率被搜索出来。针对民宿的房型，也要做出梯度。这是什么意思呢？比如有的客人在搜索时，会选择一个价格区间，比如299—399元，但你的民宿如果全部都是200—300元，那被搜索的机会也会降低。因此，丰富自己的房型，做出梯度价格，对各个消费层次的客户都会有吸引力。

此外，由于不同的OTA平台是竞争关系，比如携程民宿、美团民宿之类的，所以不同平台的经营管理后台也是不能互通的，这对房态、财务等管理来说也是一个问题。这就需要一款能打通OTA平台的酒店管理系统，辅助民宿经营，减少错房、漏订等失误，提升运营管理能力，具体要求如下。

（1）负责公司网络平台的管理日常运营，各酒店OTA渠道开拓维护，以及OTA客户的预订与对账工作，重点客户的档案收集整理。

（2）协助部门负责人制定店铺的运营策略计划并执行。

（3）使用营销工具进行产品及店铺推广，分析各大渠道的优势及特点，组织和策划产品推广，定期进行效果评估，制定后续计划和实施。

（4）定期提交店铺运营报告、全方位的阶段性评估和各大OTA渠道政策维护及优化，提交效果评估、分析、监测，以达到酒店公寓产量提升目标。

（5）熟悉店铺的所有民宿等各项流程。

（6）分析与总结竞争对手、行业信息、公司产品信息等调研信息，掌握最新在线渠道销售信息，为上级提供业务决策依据。

（7）维护所属区域内民宿的价格。

（8）准备销售协议、备忘录等各种销售文件，负责文件的上报与下发工作。

知识链接

民宿运营要点与细节

想要民宿可以吸引客人，在装修和布置方面多费心思这当然必不可少，但想要获得更多的订单，在其他方面也要顾虑周全。以下介绍在民宿运营中可以吸引顾客的几个要点。

一、民宿运营中吸引顾客的重要特点

1.具有故事性

有的民宿会将情怀作为主打，做一个有故事的民宿。房东独特的旅行经历，对民宿的热爱及初心，在民宿中所发生的感动之事，都可以通过故事来展现给顾客。想要表达给顾客的是，这不仅是一个可以休息放松的家，也是一间有故事、有意思的民宿。

房东和民宿本身具有独特的故事性，这样可以达到更好的宣传效果，也可以区别于其他民宿的运营方式。例如，河南凹凸环境艺术设计有限公司结合民宿本身的个性和特色，找出与其他民宿不同的点，为客户打造了专属的民宿。配合高品质的软硬件设施，给房客一个舒适的入住环境和体验，使得房客愿意去了解民宿，最终入住，获得客单。

2.邀请房客参与其中

这一点可以使得房客不单单只是入住、体验，然后离开民宿，更重要的是，可以使房客参与到宣传实践的行动中来。比如，在房客入住过程结束后可以写下客房的优势以及特色是什么。也可以从房客处获取一些意见和建议，有助于民宿后面更好地运营，更好地服务房客。如果房客的入住体验很好，那一定会不吝啬地推广所住的民宿。

房客可以通过自己的朋友圈进行推广，还可以放一些民宿的美照。房东可以给予宣传的房客一定的奖品，比如民宿优惠券、小礼品，这对民宿本身会起到了一个良好的推广作用。

3.用心做到极致

民宿主打的便是人情味和家的感觉，那么就一定要尽力将这个主题做好。首先从民宿的软硬装修上来讲，为了提高房客的入住体验，哪怕是家具的选购、配色设置，或是一棵绿植、一套舒适的床品，都是在民宿运营中十分重要的一点。这些细节上做得到位、精致，就会获得房客的认可和一个满意的入住体验，这样更有利于民宿的发展。

最终房客的入住体验才是最重要的，房东也不要忽视和房客沟通以及做好服务这个细节。民宿虽然区别于酒店的标准化，但应该具备的服务也是必不可少的。比如，积极清洁房间、询问房客的入住需求、是否需要帮助……这样会让房客真正有一种到家了的温暖与归属感，真正体会到在其他城市也有了一个"家"。

做民宿也许并不是从一开始就客源不断，需要在运营中不断获取新的经验，要积极地发掘自己民宿的特色之处，以便把最有优势的一面展现给入住的房客。还要配合其他形式的推广宣传，树立良好的民宿形象，让更多的客人主动去了解民宿的优势所在。

二、民宿运营中的细节

民宿运营可以总结出以下五大细节，如果能在这五个方面做好，就可以极大地提高用户的使用体验。

1.温馨短信

对当天来入住的所有客人发送短信提醒，提前告知客人今天天气情况、路况情况,以及今天附近会有什么样的活动等,能够让客人还没入住就能体验到人文关怀,这是一个能增加好感的举动,这个建议需要听进去。

2.客房服务

民宿卖的不只是房间,更是一种生活方式,所以要求有氛围和有感觉,不能让客人感觉冰冷。设计师可能设计出来的东西是为了建筑很美观,照片很漂亮,但是出来的东西不一定客人会很喜欢,所以空气、温度、湿度、信息处理速度、人文关怀等都是非常关键的。

3.餐饮服务

餐饮在民宿里面只是属于一个配套,因为如果民宿处于在山中及其他偏僻的地方,就要有餐饮。如果周边有配套的商业街,那就尽量不要去做了,因为太占成本。

4.与客户沟通的系统、自媒体运作

民宿一般都会上OTA,但如果不上OTA,那么自身的自媒体和线上运营就要做得非常好。有一些民宿主自己运营的店不需要上OTA,客源可以自给自足,自媒体和线上运营这块是重中之重。

5.营业数据

民宿经营者要知道自己的客源群来自哪里,哪个地方的客户最多,客源群体一定不只在本地的人,一定是周边以及全国各地的人。所以客人来店的途径、方向,必须要分析清楚,通过这些可以知道上海占了多少、北京占了多少,以及每年的数据变化。画一个圈,两小时的飞机程或三小时的车程过来的人,那才是真正的客源群。

五、OTA平台运营过程

(一)对接当地酒店

不管我们做什么项目,当地的生意是最好做的,毕竟自己所在的地区情况自己最清楚。一步一个脚印,踏踏实实地走,打下牢固的根基,再做大做强就会容易得多。

(二)拿到酒店协议价

不管做什么生意,都会有一个内部价,也称为协议价。简单来说,就是市场价卖200元的房间,经过酒店大堂经理可能100元就可以售卖了,这样讲的话,大家应该很容易明白。

知识拓展

千宿民宿数字化进程

(三)差异化价格及房型

在与酒店及民宿谈合作时,尽量合作一些比较热销的房型,再者在价格方面要比酒店外网上的价格低一些,这样不仅有很好的竞争力,也有利于提高订单量。

(四)多维度优化酒店数据

通过站内外优化手法,促使网站收录,并获取关键词靠前排名,有利于网站曝光和流量提升。优化的操作手段多样化、灵活化,并非照本宣科,但基础操作流程基本一致。例如,关键词选择、关键词定位、布局、内外链建设、内容质量等,都对优化效果产生直接影响。

(五)上架到平台售卖(赚取中间差价)

拿到协议价后,再在携程民宿、飞猪、美团民宿等这些平台进行上架售卖,售卖的价格再减去协议价就是自己赚的,也就是赚取中间的差价。

任务四 OTA平台的声誉管理

一、OTA平台声誉管理的概念

OTA平台声誉管理,是从战略层面对相关旅游企业声誉进行全方位管理,进行持续和一定力度的传播,将企业的价值观、商业模式、产品和服务等及时和准确地传达给各方面的受众。

二、OTA平台声誉管理的作用

(一)从旅游企业角度来看

一方面,具有良好网络声誉的旅游企业能增强旅游消费者对其忠诚度,增强旅游企业竞争优势,为其带来显著的经济回报。另一方面,存在违规行为的旅游企业也会通过网络声誉评价与管理平台被及时曝光,进而遭到旅游消费者"用脚投票"的惩戒。

同时,完善的网络声誉评价与管理制度也可以使合法合规经营的旅游企业避免受到网络谣言的影响,可以使其降低企业经营过程中的风险。

（二）从旅游消费者角度来看

完善的网络声誉评价与管理制度有助于旅游消费者获取准确的市场信息，降低旅游消费者的交易成本，提升满意度。

（三）从我国旅游行业管理角度来看

完善的网络声誉评价与管理制度也是旅游职能监管部门实施行业监管的有效保障。借助网络声誉平台，旅游职能监管部门可以达到有效实施行业监管的目的。

三、OTA平台声誉管理的措施

（1）平台建立一套完善的网络声誉评价标准，使评价结果尽可能做到客观、公正。

（2）坚持以人为本。以旅游者需求为导向，不断丰富服务种类、拓展服务内容，打造精准化、专业化、特色化服务产品，努力满足人民群众多样化、个性化的旅游服务需求。

（3）坚持协调发展，保障旅游者合法权益，构筑在线旅游平台经营者、平台内经营者与旅游者之间的良性产业生态，引导在线旅游平台经营者与旅行社、交通、住宿、餐饮、游览、娱乐等相关经营者协同发展，促进资源高效配置，推动旅游业繁荣发展。

（4）坚持创新引领，深化在线旅游行业数字化、网络化、智能化发展，推动新技术应用，鼓励行业创新，充分发挥在线旅游经营者数据和信息能力优势，提升行业数字化水平，为旅游者提供智慧化的服务。

（5）需要践行企业社会责任，在社会上获得积极的正面印象。

四、OTA平台声誉管理的关键点

（一）理解在线声誉管理的重要性

声誉管理是对在线评价进行监控、管理并采取相关行动，利用它来提升市场认知度、客户满意度和企业收益的一个过程。随着越来越多的旅游者求助于线上评论，把它作为旅行计划和分享的一部分，积极的在线声誉是民宿成功的关键因素之一。

（二）设定声誉目标和策略

设定一个愿景，设想在旅游者离开民宿后，你想让他们说些什么。分析你的民宿在主要评价网站上的评分和排名，然后决定你要到达的位置（目标）以及如何达到那个位置（策略）。

（三）全员参与

跟你的员工分享你的声誉愿景、目标和策略，确保他们明白自己在实施过程中的角色。

（四）做好准备

在线声誉管理非常重要的部分就发生在民宿内。落实社交媒体政策和指南，确保员工知道他们的立场并明白错误对待客户的风险。对员工进行培训，使他们能够提供超出客户预期的服务，避免民宿内问题逐步上升为在线投诉。

（五）优化线上状态

认领并更新你在主要评价来源上的资料，如猫途鹰（Tripadvisor）、Yelp 等。添加描述、影像和联系资料，确保内容的准确性和与时俱进。

（六）设置监控工具

社交媒体上有太多的对话和谈论信息，全部跟踪几乎是不可能的。可以在评价网站和社交网络上设置警报，这样当出现有关于你的民宿的评价时，你就会获得通知，确保你不会错过任何相关信息。在民宿内，指定一位网络看门人来监控评价，并把它们指派给相关人员，声誉管理工具将有助于自动化这一过程，省时高效。

（七）分析反馈

密切关注评价中的意见，寻找需要关注的模式以及优点，在营销传播中进行利用，作为与竞争对手之间的主要差异因素。结合客户评价中的反馈和内部客户调查的反馈，360°全方位了解客户满意度。

（八）采取行动

跟员工分享客户反馈，并把它作为一种建设性的学习工具。审查政策和程序，采取必要的行动来解决问题，避免投诉的再次发生，使之转换为源源不断的正面评价。

（九）肯定与奖励

定期向员工提供实现声誉目标的进度更新。激励和奖励实现目标的员工和管理者，肯定他们的积极反馈，并庆祝自己的成功。

（十）回复点评

回复点评是表明你在倾听和关心客户反馈，这是改变客户认知和提升潜在客户信任感的一个绝佳机会。把评价按照需要道歉、澄清或表达感激之情的先后顺序排好。要适时向客人表示感谢；如果你有什么事情做错了，要向客人道歉，并告诉他们你会如何跟进。

把这些步骤整合到民宿的日常运营和文化当中，客户满意度将会获得提高，民宿会获得更好的评价，吸引更多的客户，从而有利于民宿的长远发展。

知识拓展

点评管理

实战训练

以学生团队作为活动单位，安排学生调研花筑民宿的客户关系是如何维护的，并以PPT的形式进行汇报。

项目小结

随着互联网的飞速发展，数字化的应用也越来越多，民宿数字化分销也应运而生，OTA的出现将原来传统的旅行社销售模式放到网络平台上，更广泛地传递了线路信息，互动式的交流更方便了客人的咨询和订购。OTA模式改变了传统的酒店营销模式，各酒店及民宿积极在OTA模式下采用网络营销模式开展网络订购。主要有移动化营销、个性化营销、整合性营销，OTA行业里面优秀的平台不多，酒店对接OTA的初期，基本上是艺龙、携程、去哪儿三分天下。目前，国内的OTA市场形成了携程系、美团系、阿里系"三足鼎立"的局面。

当前，我国住宿消费结构中，入住民宿的客人比重日益增加。随着移动互联网、电子支付、大数据、人脸识别科技的应用与发展，民宿行业的信息化水平得到极大提升，但整体上，民宿发展规模依然偏小，实力较弱，难以形成专业的运营平台以及开展规模化的宣传推广。在此背景下，利用发展相对成熟的OTA平台，通过网络向旅行者提供旅游产品和服务预订，成为大多数民宿获客的重要渠道。对此，充分了解平台客群特点、运营规则、运营技巧以及违规惩罚机制等，可以让民宿主有效规避风险，进而帮助民宿迅速发挥OTA渠道效能，引来源源不断的客流。事实上，OTA平台的成功运营能够有效提升民宿曝光访客量以及访客转化率，进而达到提高民宿整体入住率和整体收益的目标。一般来说，影响民宿在OTA平台曝光量的主要是筛选入口、价格和房态，以及排名、营销活动等因素。

OTA平台引流措施有正常引流，做好线上推广，有效提高转化率，建设以社交媒体主导的营销渠道，做新媒体矩阵，如小红书、抖音等。OTA运营就是充分调动酒店一切可以利用的资源，经过数据分析研究，以达到酒店收益最大化的一项工作过程。OTA运营具体包括：负责公司的宣传推广以及日常运营；使用营销工具进行产品及店铺推广，提升销售业绩；根据流量、咨询量、转化量、推广效果等数据做全方位的阶段性评估；维护所属区域内的度假线路等。

OTA平台声誉管理关键点首先要理解在线声誉管理的重要性，设定声誉目标和策略，要全员参与并优化线上状态，还要设置监控工具，对客户评价中的反馈进行分析，全方位了解客户满意度，最后采取行动，跟员工分享客户反馈，并把它作为一种建设性的学习工具，不断地审查政策和程序，采取必要的行动来解决问题，避免投诉的再次发生并产生源源不断的正面评价，定期向员工提供实现声誉目标的进度更新，激励和奖励实现目标的员工和管理者，肯定他们的积极反馈，及时地回复点评，改变客户认知和提升潜在客户信任感的一个绝佳机会，提高客户满意度，吸引更多的客户，从而有利于民宿的长远发展。

课后训练

1. 什么是民宿数字化分销？
2. OTA平台运营有哪些类型？
3. 民宿营销的模式有哪些？
4. OTA平台的引流策略有哪些？
5. 如何做好OTA平台的运营管理？
6. 如何做好OTA平台的声誉管理？

项目五
构建民宿数字化营销的能力

 项目目标

知识目标

1. 了解民宿产品。
2. 知道民宿产品的设计方法。
3. 区别在线商城与微商城。
4. 了解在线商城的构成。
5. 了解微信公众号在营销中的作用。
6. 认识微信菜单栏与互动消息。

能力目标

1. 掌握民宿包价产品的设置方法。
2. 掌握在线商城的策划与设置。
3. 掌握商品详情页的制作和录入方法。
4. 掌握微信公众号菜单的策划与设置。
5. 具备初步构建民宿数字化营销平台的能力。

职业素养目标

1. 具有民宿产品数字化营销的思维。
2. 具备信息采集及运用中的法律法规及版权意识。
3. 具备相关的审美能力和文化素养。

知识框架

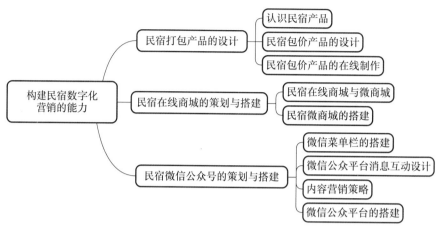

任务一 民宿打包产品的设计

一、认识民宿产品

民宿作为非标准化的产品，与酒店的根本区别，在于酒店提供的是解决出门在外对于住宿的需求；而民宿的意义，是基于住宿功能更深层次的住宿体验，将住宿本身变成旅途体验中的一部分。随着旅游市场的不断成熟和发展、核心消费群体的年轻化，以及"千禧一代"对于旅游度假观念的转变，传统的酒店住宿业已经难以满足旅游消费者个性化、多样化需求，具有丰富自然资源、文化体验、民俗故事及热门IP的民宿越来越受到欢迎。如何在众多的产品中找准自身民宿的定位及特色，并为民宿开展产品设计，是各个民宿主需要了解及掌握的技能。

 课堂讨论

请分小组进行讨论，说说以下哪些项目属于民宿产品需要设计的内容？（　　）

　A.硬性主题设计（建筑、空间、装修、景观等）

　B.软性服务设计（人员、定制服务等）

　C.基本产品设计（客房、餐饮、周边游、伴手礼等）

　D.产品衍生设计（产品故事及文化、线上销售平台、自媒体推广等）

　E.价格设计

　F.其他（请补充说明）

（一）了解民宿的分类

民宿是房屋主人或房屋经营者利用空闲的房屋，以融入房屋主人或房屋经营者的偏好、特点及当地文化特色改造而成，为外出郊游、休闲放松或远行的客人提供结合当地文化、人文、自然等元素以及融入当地生活方式的一种产品。民宿的这些特点，使得民宿并没有严格规范的分类划分方式，与之对应的民宿产品也是多种多样。如何在同质化严重的一众民宿中挖掘自身民宿的独特卖点，需要根据不同民宿的类别特征进行分析，挖掘用户的敏感点及需求。

1. 按照其所在的地理位置划分

民宿按照其所在的地理位置，可以划分为乡村民宿和城市民宿。

1）乡村民宿

乡村民宿主要依托于一二线、长三角、珠三角等大城市群的周边，2—3小时的自驾车程或交通工具，以周末、节假日及寒暑假等假日经济为主，为城市的白领、家庭等客群提供一个可以短途休闲、放松，接近大自然的体验之旅。乡村民宿的外观是与当地村落景致融为一体的乡村建筑风格，打造的是在文化和旅游充分融合的背景下更为生态化且自由的空间。总体而言，乡村民宿的"乡土化"是植根于乡村生态环境下，更具乡土气息的民宿。这类民宿，一般具有远离城市高楼大厦，贴近当地人的生活，或是小桥流水的静谧，或是花园小院的惬意，营造一种本土化的氛围的特点。如位于京津城市圈城郊秦皇岛、长三角的莫干山与桐庐、珠三角的惠州，以及广州城郊的增城、从化等地，都有当地独特的乡村民宿。

2）城市民宿

城市民宿与乡村民宿相比，城市民宿坐落于城市市区，往往与城市的景区、商圈相关，多在一二线城市或著名的旅游城市中，城市民宿大多具备一定的旅游城市特点。城市民宿既可以是城市中的古宅居民楼，也可以是城市居民利用自家空间客房接待客人的房屋，打造"大隐隐于市"的氛围，在城市中心为客人营造一个温馨的家。

城市民宿一般具备交通便利、人文创意突出、智能科技应用的特点。

（1）道路交通是国民经济和社会发展的命脉，因此一二线城市、旅游城市的交通大多便利，城市民宿更是集中在市区出行便捷的公共交通枢纽附近，客人出门就可以方便地直达不同的目的地。如广州在CBD珠江新城周边就有专为追求城市人文气息的游客观光者或是短期商旅客人提供的公寓型城市民宿。

（2）人文创意突出。城市民宿更注重体现城市自身文化和历史底蕴，不管是民宿的风格装修还是室内装饰摆件，往往体现出民宿主的审美和当地特色。例如，位于北京老胡同中的一家城市民宿，通过改造在民国时期当铺休憩的四合院，给客人带来真实的老北京人胡同文化体验。不同城市的历史背景及人们的生活习惯都不尽相同，历史悠久的老城市、现代化的大都市、新兴的工业城市或是地域独特的旅游城市等，丰富多元的文化元素都给追求差异化的客人很好的住宿体验。在考虑民宿产品设计时，应当融合城市的风格特色。

（3）科技运用。城市民宿在管家模式上，与乡村民宿拥有较为固定的民宿主或管家提供服务相比，城市民宿大多通过线上对接沟通，通过远程发送密码锁等自主入住的方式进行。同时，很多新型的，特别是位于现代化、信息化发展迅速的城市，民宿在设计规划过程中，也融入了现代化智能高科技家居系统，如门锁、灯光、空调、窗帘等家居设备都可以通过智能设备一键控制，为游客提供更加舒适自由的住宿体验。

2. 根据民宿改造情况进行划分

除了按照地理位置的划分，民宿还可以根据民宿改造情况进行划分。

1）普通民宿

普通民宿是指主要以居家民宿为主的传统民宿，通常由民宿主从在住的房屋中进行简单改装而成，其特点是真实。这类大部分都是原封不动地保留建筑物的原始状态，对民宿的外观、内部装修不做或稍做改变，把房屋的本来面貌展现给游客，如实地展示民宿主和当地人最真实的生活状态，以便让游客最大限度地了解当地居民的日常生活状态。

2）精品民宿

精品民宿与一般民宿不同，主要体现在"精品"上。精品民宿是在保留了一定的房屋基本结构和建筑外观特色基础上，对民宿的内容进行二次改装，融入民宿主喜欢的或一些针对用户群较为热门的装修风格，如新中式、简约风等。"精"体现在"精致"上，民宿通常展现出现代人对生活品质的追求，在硬件设施设备上对选品的精选，以及在当地风俗、文化底蕴的精良融合。精品民宿如果在软硬件的细节和服务上都精心打造，对于注重品质、享受生活的客人而言，舒适度和享受度都可能会胜过入住酒店体验。

除了上述提及的几种划分方式，民宿还可以按发展类别，划分为传统民宿与现代民宿；按服务功能，划分为单一服务型和综合服务型；按规模大小，划分为散户型、整户型等。进一步往下细分，还可以根据民宿服务特点的不同，划分为农家乐、客栈民宿、青年旅社、酒店公寓等。同一民宿可能兼具不同划分类别的属性，因此，在考虑民宿产品设计时，需要综合、全面分析民宿的特点。

（二）民宿产品设计

民宿与酒店、公寓等标准住宿机构相比，优势在于非标准化、个性化的住宿环境和服务，通常围绕家庭成员、朋友等关系作为主要生产载体。所以，民宿主的人文情怀和人文素养往往成为关键资源的核心要素，民宿就是传递民宿主价值观的最好载体。因此，在民宿产品设计中，硬件是基础，软件是体验，核心是主人服务文化与魅力。

针对民宿产品的设计，需要融入民宿特色，设计以"住宿＋旅行＋幸福体验"为核心的产品，针对住宿产品、衍生产品及整合产品进行整合打包。

1. 住宿产品

民宿在运营初期，对民宿住宿产品的依赖性较强，住宿作为民宿较直接、基础的产品，住宿产品的价值受淡旺季的入住率、房间数量及价格等因素影响，其中入住率是重要的影响指标。因此，住宿产品应该考虑在旺季给客人提供良好的体验，以形成回头客，在淡季通过与衍生产品及整合产品的打包，利用互联网营销平台或工具，提高淡季入住率，实现产品价值的最大化。

2. 衍生产品

民宿衍生产品具有民宿本身和所处地域的特色，可覆盖客人除吃、住、行、游、购、娱中住宿外的所有旅行需求。例如"吃"，可以结合当地菜、小吃等推出特色餐饮，如柳州螺蛳粉、大理鲜花饼；"行"，可以提供租车、包车服务；"游"，包含游玩路线推荐、周边景点门票；"购"，包含土特产、伴手礼，甚至是民宿主相关的手工制品等。

将以上附属关联的衍生产品与住宿产品进行打包组合，除了可以给客人提供实体产品，还能增加活动和服务体验产品。例如，让客人直接参与文化民俗活动体验、主题沙龙、农场采摘等。

3. 整合产品

整合产品，即以民宿为基础，根据民宿主的行业背景或资源，结合当地特色文化整合成更多的资源，做成多元化产品，打破民宿单一住宿产品的局限，最大限度地开发民宿的价值。例如，位于大理、三亚等自然风光秀丽的城市，民宿主可与当地的摄影摄像机构合作，将住宿、摄影及景点资源整合在一体，可为毕业旅行、情侣新婚出游等客人提供旅拍游玩路线推荐，让客人留下难忘的回忆。

民宿在进行产品设计时，还需要考虑销售推广渠道。民宿主应该结合互联网数字营销平台，构建线上线下的销售渠道，依赖网络营销和口碑营销，为民宿带来持续的、正向的影响。

二、民宿包价产品的设计

包价产品是企业根据营销目的和目标顾客的需要，将多个产品或服务组合而成的一种新的产品或服务。包价产品的设计是开展数字营销的一种常见的营销策略，用于满足不同顾客的需求和偏好的销售推广方式。

(一)了解包价产品

包价产品也就是产品打包，是指以一个核心产品为主，并辅以相关联的产品和服务，从而形成一个套餐产品进行销售。成功的客房打包产品，往往需要考虑如下因素。

(1)核心产品通常是民宿的自身的特色和核心卖点或热销产品，用于解决客人的主要需求，吸引客人订购。辅助的产品通常选择售价高、成本低的产品或服务，如当地的特色伴手礼、民宿主的手工制品、摄影摄像跟拍服务等都可以作为产品打包的辅助产品。

(2)要以客户需求为导向，针对民宿特色及主要客群，充分考虑产品和客户需求之间的匹配性和合理性，采用不同的产品进行打包。

(3)打包产品要价格合理并考虑效益最大化。理想的情况是客人可以用最优惠的价格买到需要的产品和服务，而民宿可以把与民宿周边相关联的产品和服务卖出去。

(4)产品打包设计要有一定的灵活性，以降低客人对消费不确定性的担忧。例如，在进行产品打包时，允许客人在使用时对个别辅助打包产品进行调整，在使用时间上可以拆分使用，在产品组合选择上可以提供选择，这样对客人的吸引力会更大。

民宿开展产品打包的意义在于使得打包后的产品具有高性价比，多种产品相辅相成，给客人提供更丰富、更全面的入住体验，从而促进转化，避免价格战和渠道冲突。

(二)民宿客房包价产品的设计

在设计民宿包价产品时，需要考虑顾客敏感点、产品和服务要素及差异化卖点。顾客敏感点是顾客核心需求在产品和服务上的体现，是较能影响顾客体验的要素；产品和服务要素是顾客的体验内容，是影响顾客满意度的关键所在；差异化卖点是寻求独特的销售主张（Unique Selling Proposition）或独特卖点（Unique Selling Point），在越来越多的产品出现同质化的当代，它已经成为企业获得竞争优势的必备武器，也是进行营销宣传的重点。

客房作为民宿的主要的盈利产品，在开展包价产品设计时，首先需要了解如何设计客房包价产品。客房包价产品是以客房为核心产品，突出民宿房型及民宿主的卖点特色，辅以当地文化特有的其他产品，如周边游等产品和服务组合而成。确认包价产品的沟通和内容后，就需要针对包价产品进行信息采编。

包价产品的信息采编质量对民宿数字化营销的效果影响巨大。在数字化营销中，无论是在直销平台，还是在OTA等分销平台上，包价产品的信息采编质量直接决定了转化率。如果网站运营者千辛万苦获取的流量，其信息采编质量不高，就容易流失掉。

民宿客房包价产品的信息采编出发点是用户需求、用户敏感点和用户体验，并特别注意对产品差异化卖点的信息采集，主要包括图片的选择和拍摄、打包产品的详情描述等。

1. 图片的选择和拍摄

在移动互联网高速发展的时代，内容营销是企业重要的营销手段之一。内容为王的时代，可以只有图片没有文字，但只有文字而没有图片会导致用户体验不佳。正因如此，图片的选择与拍摄就显得尤为重要。

1）客房图片的场景数量选择

客房作为民宿核心产品，也是用户希望能够全方位了解的产品。丰富而且高质量的客房图片有利于预订转化率的提升。"携程酒店程长营——学习中心"的调研表明，66%的携程客人表示图片对他们选择酒店决策的影响非常之大。因为用户在线上预订的时候，无论是通过OTA还是官网，都会反复比较，因为他们会觉得酒店有很多不确定因素，而通过丰富的场景图片，可以增加用户的信心。

为此，民宿在开展数字化营销的时候，需要从客房的不同角度精心挑选用户希望看到的客房场景图片。用户更加在意客房内部和卫生间的环境与设施。此外，图片的数量丰富性也有助于用户更加全面地了解民宿，增加信心。每一种房型，至少应该在线上提供3—4张不同场景的图片，包括客房内部的设施、卫生间、浴室、窗外景观、装修特点、特色设施、文化氛围等场景图片。

2）客房图片的质量选择

除了考虑图片的丰富性，还需要考虑图片的质量。高质量的客房图片，首先是符合摄影美学的构图和用光技巧，其次是图片在拍摄时的客房布置。可以从如下几个方面进行考虑。

第一，构图和用光。

高质量的客房图片是一个"会说话"的销售，让用户很快能够找到能够满足其需求的要点。因此，每一个场景的图片，都需要站在用户需求的角度，突出"卖点"主体，而不是求拍广和拍全，让用户无法快速找到客房的卖点。主体是照片中最重要的部分，无论把它放在照片的哪一个位置，拍摄时都要突出而鲜明。在构图时，要考虑主体是否是画面的结构和内容的中心，要保证主体完整。假如你想拍床，就不要露出太多的桌子；假如你的拍摄主体是桌子，就不要让窗户抢占了视线。

构图上要尽可能用均衡式构图，给人以宁静和平稳感，但又没有绝对对称的那种呆板无生气。其次是主题突出而鲜明，色调饱满，光线充足，呈现给人的是干净、整洁的客房，无论硬装还是软装都很协调，让人捕捉不到任何突兀及不协调的元素。

客房图片最好选择平摄角度拍摄的照片,因为俯拍和仰拍的角度会使画面不均衡。

尽量不要选择逆光拍摄的照片,因为主体可能又黑又暗,破坏了整个客房的舒适感。用顺光拍摄的照片让人更加赏心悦目。如果选择白天拍摄,就要关闭客房的窗帘。理想的拍摄时间是一天中的清晨(日出)和傍晚(日落)短暂的一小时左右时间,这是摄影界中的"黄金时间",这时候太阳在天空的位置比较低,照射下来的光线赋予景物丰富的阴影,使得照片更加有质感和立体感。而在一天中日出之前和日落之后这一短暂的时刻,也称为"Blue Moment"(蓝调时刻),是拍摄客房最佳时刻,这时候太阳刚好在地平线之下,整个天空会呈现一种静谧的蓝色。这时候拍摄酒店客房,打开窗帘,窗外呈现较高饱和度的蓝色,配以室内的光线,整个图片由室内橘黄的灯光和窗外宝蓝的天色构成,形成鲜明的冷暖对比,给人温馨、恬静的感觉。

第二,客房布置。

高质量的图片离不开拍摄时精心的客房布置。很多高质量的客房图片拍摄会针对不同的客房主题和主要客群,进行不同元素的准备。比如,针对情侣客人,准备浴缸中的玫瑰花瓣;针对亲子游客人,准备儿童设施等。通常境况下,果盘、鲜花及具有文化特色的装饰品是客房拍摄必备的。

(1)果盘应该选择颜色丰富的,果盘里不需要放太大颗的水果。香蕉、李子、圣女果及葡萄的搭配色调会比较好。圣女果换成草莓也行,但是一切都要新鲜、饱满、好看。

(2)鲜花看客房大小,套房可以稍微大一点点,但是建议细长的鲜花配瓶为宜。鲜花不要太抢眼,起到点缀作用就行。

(3)床上用品尽量用挂烫机熨好,少留褶皱。烟灰缸、垃圾桶不要入镜。电视的机顶盒等要收好藏好在电视后面。窗帘需要配备绑带绑好。

(4)确保客房内所有的灯都可以正常使用且色调一致,比如床头灯坏了一个,拍摄时需要两个一起换。

(5)洗手间的洗浴用品,如毛巾要叠好,摆放整齐。

(6)卫生间马桶盖需要盖好,为保证色调统一、不突兀,卫生间的塑料拖鞋应提前收好,避免入镜。

(7)注意选择能够反映客房细节特色的照片,比如挂在墙上的画、写字台上的明信片、沙发上的抱枕、桌面上的香薰烛台等。

3)采编的图片要合法合规

出于商业目的,在宣传设计中使用了第三方的图片作品,就需要获得图片版权所有人的书面授权,否则属于违法侵权。通常情况下,企业在开展数字化营销过程中出现的图片侵权问题主要包括以下几种情形。

(1)直接使用搜索引擎抓取的图片而没有获得使用许可。

(2)使用作者明确说明禁止转载的图片。

(3)未经原作者同意对图片进行二次加工或者使用。

(4) 在作者未同意的情况下对图片进行商用。

(5) 在图片分享网站有明确的分享规定的情况下违反这些规定进行分享。

民宿在使用图片进行数字化营销时，需要使用具有明确版权来源的图片，包括自行拍摄的照片、付费拍摄的照片以及在第三方图片库购买的照片。同时，还要注意的是，如果图片里面涉及人物、特色字体或著名卡通人物等，都需要获得相应的肖像权、字体版权及使用权。

2. 打包产品的详情描述

1) 信息采编要素

不同平台，对产品的信息采编要素有所不同。核心的打包产品的详情描述包括产品特点、产品详情介绍及订购须知等。

（1）产品特点。产品特点（或产品简介）也叫产品标签，通常通过多个简短的、具有明确风格特点的词或短句构成。产品标签一般不超过10个，大多在3—5个，产品标签描写的应该是能清晰具体反映客户敏感点或需求，以及产品亮点特色、差异化的内容，标签不宜过多、过长。同理，产品简介字数建议在120个字以内，通过简单的两三句话反映产品卖点即可。

（2）产品详情介绍。产品详情介绍是反映完整的打包产品详情信息的内容介绍，通常结合丰富的图文一并展示。详情介绍中，需要包含具体打包产品内容说明，通过丰富的、吸引人的图片反映产品特色。详情介绍的文字要表达清晰、流畅且卖点突出，能激发客户的购买欲，同时考虑详情页整体视觉效果美观。其中，产品的图文信息制作，可以借助一些互联网的第三方免费工具进行在线设计。

（3）订购须知。订购须知是用户购买及使用产品的限制，民宿可以通过考虑淡旺季、产品的时效性、产品配额等因素进行定义。

2) 用户的敏感点及产品的差异化卖点

客房打包产品文字内容的采编和撰写主要考虑两个方面：一是内容要能够响应用户的敏感点；二是要能够反映客房产品独一无二的卖点。

不同类型的民宿用户的敏感点及产品的差异化卖点都会有所不同。由于民宿主的风格魅力差异，客人对民宿的预期、包容程度也有所不同，但归根到底，客人对于民宿的需求，也是希望能有一趟舒服舒心、难忘的旅途。以下对标酒店的基础设施设备需求出发，整理了几个民宿主要硬件设备相关的敏感点。

第一，合适的空间。

第二，清洁卫生质量。

第三，床的舒适度。

第四，网络和多媒体配置。

第五，淋浴房的上下水。

第六，安静舒心的环境。

第七，客房打包产品的差异化卖点主要包括人性化的服务、独具风格的客房设计和布置、独具特色的民宿活动。

三、民宿包价产品的在线制作

（一）任务要求

根据民宿的不同分类，按照民宿服务特点选定一类民宿，分析该民宿产品的特点，并为其设计一款客房包价产品，完成当前产品的信息采编及在线制作。

（二）流程图

民宿包价产品在线制作流程图如图5-1所示。

图 5-1　民宿包价产品在线制作流程图

（三）任务工具

1. 数字化营销管理系统

数字化营销管理系统可用于包价产品的设置与预订管理。

2. 微信公众号/微信小程序

在设置包价产品后，可通过模拟的微信公众号或微信小程序进行查看。

（四）关键步骤

1. 包价产品基本信息设置

包价产品基本信息设置，包括包价名称、包价代码、有效日期、产品图片、特点及排序等，如图5-2所示。

包价名称：必填，前端页面展示产品的标题，考虑4U原则。

包价代码：必填，产品识别码，需要保证唯一性，仅录入字母或数字。

有效日期：必填，产品支持预订的有效期。

产品图片：建议3张以上，头图（第一张为封面图）需要考虑产品卖点、特色，吸引人。

特点：产品标签，通常为产品的特色或卖点，简短精练，3—5个。

排序：前端页面展示产品的显示顺序，数字越小越靠前。

图 5-2　包价产品基本信息设置

2. 包价详情设置

包价详情设置，包括图文介绍、促销内容及订购须知，如图 5-3 所示。

图 5-3　包价详情设置

图文介绍：以图片的形式。包含产品图片及产品介绍文字的长图文，图片宽度建议 750px，可借助第三方图文在线制作网站完成。

促销内容：以文字的形式。包含包价产品的具体内容，如套餐包含产品、数量等。

订购须知：以文字的形式。预订及使用规则限制说明，如是否限购、限时、限量，节假日不同使用日期是否需要有加价规则等。

3. 房型关联与服务设置

设置包价产品关联的客房产品及配套服务，如图5-4所示。

图 5-4　房型关联与服务设置

房型关联：当前包价产品包含的房型、早餐等。房型支持自定义，可根据包价产品自定义调整。早餐即当前包价产品关联房型含早餐情况设置。

包价服务：包价产品包含具体服务及数量等。

4. 更多预订限制设置

更多预订限制设置，包括取消政策、支付政策、至少提前预订、至少连住预订等，如图5-5所示。

图 5-5　更多预订限制设置

取消政策：客人预订产品后，是否支持取消规则限制。

支付政策：预订支付方式。

至少提前预订：前台客人按日期查询有效产品时，需要满足提前的天数。如当前为2023-09-01，产品需提前3天预订，最早可预订日期为2023-09-04。

至少连住预订：前台客人按日期查询有效产品，预订天数和预订客房需要满足至少连住数量要求。

知识拓展

小木屋民宿

任务二　民宿在线商城的策划与搭建

一、民宿在线商城与微商城

在线商城又称网上商城系统，是一个功能完善的在线购物系统，主要为在线销售和在线购物服务。其中，将商城与微信公众号、小程序结合起来使用，就形成了微商城。借助于微信公众平台的社交功能，微商城可以作为民宿开展"社交电商"的重要平台，使商城成为面向全体用户服务的工具。消费者除了自己可以在商城中购买产品，还可以了解并分享民宿的最新动态和活动。可以说，微商城让用户价值转化为真实的传播价值和商业价值。

课堂讨论

如表5-1所示，在你认为可以为民宿开展商城运营的平台上画圈。

表5-1　民宿商城运营平台判断

类型	判断	类型	判断
微信公众号		京东	
豆瓣网		爱彼迎	
淘宝		途家	
美团		小红书	

（一）在线商城的构成

在线商城的功能主要分为两部分：一部分是面向用户部分，包括用户在线注册、购物、提交订单、付款等操作；另一部分是商城管理部分，这部分的内容包括产品的添加、删除、查询，以及订单的管理、操作员的管理、注册会员的管理等。

（二）在线商城的策划

在线商城的结构包括商品品类以及每一个品类下的商品。合理的商品品类以及商品组合有助于在线商城的成功运营。在线商城的搭建需要策划以下内容。

1. 商品目录策划

商品的目录需要根据企业自身的产品和活动情况，并结合目标客户的需求进行划分。针对民宿商城，商品类型可以按照产品特色（如产品主题、当地特色）、客户偏好（如康养休闲、文化体验、热门打卡）或活动类型（如秒杀、沙龙、手工制作）等进行分类。

2. 商品内容策划

商品内容策划，主要为对商品的销售信息进行设置，包括商品名称、商品介绍、商品图片、商品内容及使用说明、商品销售有效期、商品库存周期、商品推荐状态、商品秒杀设置和商品限量销售配额等。其中，特别要注意如下内容的策划。

1）商品名称

在商城中，商品的名称不仅仅指商品的官方名称，而是作为商品页面的标题，所以要从客户需求以及吸引客户点击的角度去考虑商品的命名。好的商品的命名要符合美国文案写手罗伯特·布莱提出的4U原则，即Urgent（紧迫性）、Unique（独特性）、Ultra-specific（明确具体）和Useful（实际益处）。

2）商品图片

商品主图的视觉优化是商品图片策划的重中之重，目标是引起客户点击的欲望。如果没有点击，则转化就无从谈起。除了设置商城展示的主图外，还可以在商品内容描述中根据需要插入多张图片。图片的选择既要能够反映商品的细节，突出商品的卖点，还最好能够反映商品的应用场景。

3）商品内容及使用说明

商品内容要从客户敏感点的角度和相对于竞品的差异点角度去描述，重点突出对客户的价值、服务细节的体现与民宿主的理念及特色。在文字上，要简洁扼要，尽量将字数控制在100—300字。可采用丰富的图文方式进行商品内容的展示。商品的使用说明需要包含使用规则、使用有效期等内容。

4）商品促销方式设置

民宿的客房往往都是有限的且包含不同主题特色，因此在促销方式上可采用秒杀和限量限时这两种常用的促销方式。可以在商品管理和商品型号管理中设置秒杀和限购两种促销方式，也可以秒杀和限购促销双管齐下。

3. 产品组合

产品组合是在线商城运营成功的关键。产品组合是指企业根据市场和客户需求对产品线和产品品类结构的搭配。产品组合的目的是调整产品结构，以实现营销目标。企业在进行产品组合的时候，通常要考虑增加、修改、淘汰哪些产品线和产品品类。

产品可以根据客户消费频次和定价,分为高频高价、高频低价、低频高价和低频低价产品。在旅游业,周边游的产品比长线游的产品消费频次要高;在酒店业,餐饮产品比住房产品消费频次要高。高频低价产品有助于获取用户,因为高频次需求产品有利于吸引客户关注,而低价有助于降低客户的决策难度。低频高价产品对客户来说属于重决策产品,利润高,频次低。所以,在产品组合方面,可以考虑利用高频低价产品引流、拉新,再通过低频高价产品获取利润,如图5-6所示。

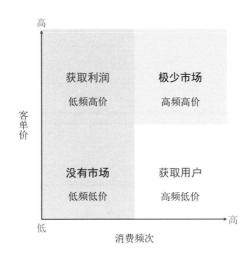

图5-6　按客单价与消费频次的产品组合

二、民宿微商城的搭建

（一）任务要求

某城市近郊的一家乡村民宿针对即将来临的暑假,计划开办一场电影节活动。活动门票89元/人,每人限购2张,住宿的客人加9.9元即可换购电影节活动门票,门票含2杯鸡尾酒,提供露天帐篷。请在商城中考虑产品组合,根据电影节活动主题搭建微商城。

（二）流程图

民宿微商城流程图如图5-7所示。

图5-7　民宿微商城流程图

(三)任务工具

1. 数字化营销管理系统

数字化营销管理系统用于在线商城商品的设置与预订订单管理。

2. 微信公众号/小程序

在设置商城后,可通过模拟的微信公众号或小程序进行查看。

(四)关键步骤

1. 商城首页设置

1)商城首页通栏图设置

商城首页通栏图设置如图5-8所示。

图5-8　商城首页通栏图设置

通栏图(Banner):商城顶部展示的图片,通常为民宿全景图概览图、民宿特色产品图,建议上传1—3张,前台自动轮播展示。

2)商城首页广告图设置

商城首页广告图设置如图5-9所示。

图5-9　商城首页广告图设置

广告图:可设置民宿活动、领券优惠等促销信息。通常为长条形的图片,图片可增加链接，前台用户点击时可自动跳转到对应页面。

3）商城分类设置

商城商品分类设置如图5-10所示。

在线商城 - 商品分类		
分类名称	排序	操作
民宿活动	10	编辑 删除
特色餐饮	20	编辑 删除
无边大海	30	编辑 删除
浪漫星空	40	编辑 删除

图5-10　商城分类设置

可以根据商品的品类，如客房、餐饮等，或产品特点、民宿活动、节事进行分类，如亲子套餐、民宿精选等进行分类。分类名称建议不超过4个字，可自定义分类展示顺序。

2.商品设置

商品设置包括设置商城商品分类、商品名称、有效日期、商品图片、特点等，如图5-11所示。

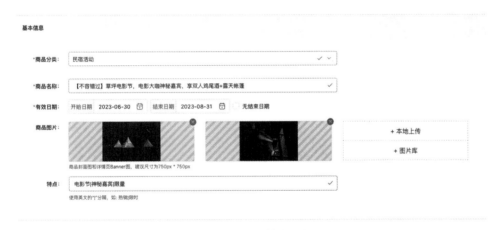

图5-11　商城商品基本信息设置

商品分类：必选，当前商品所属分类，分类可在商城分类设置中录入。

商品名称：必填，前端页面展示产品的标题，考虑4U原则。

有效日期：必填，产品支持预订的有效期。

商品图片：建议3张以上。头图（第一张封面图）需要考虑产品卖点、特色，吸引人，后续图片可以从产品细节图等不同角度呈现。

特点：产品标签，通常为产品的特色或卖点，简短精练，3—5个。

3. 商品型号设置

商品型号设置包括商品型号及价格、商品详情设置等，如图5-12所示。

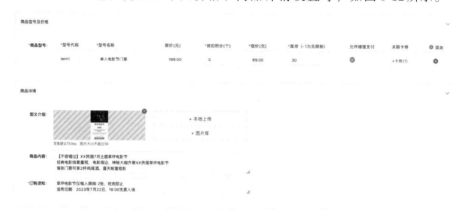

图 5-12　商品型号设置

1）商品型号及价格

型号代码：商品唯一识别码，不可重复，由数字或字母构成。

型号名称：具体产品的型号，如商品"3小时民宿垂钓"，商品型号可以是"一人垂钓"或"双人垂钓"，不同型号规格选择。

原价/现价：仅支持输入数字，产品原售价及现售价。

关联卡券：商品成功购买后关联的卡券会发送到购买客人的账号中，若无卡券，则代表客人购买后产品通过邮寄快递方式发出。

2）商品详情

图文介绍：以图片的形式。包含产品图片及产品介绍文字的长图文，图片宽度建议750 px，可借助第三方图文在线制作网站完成。

商品内容：以文字的形式。包含包价产品的具体内容，如套餐包含产品、数量等。

订购须知：以文字的形式。包含预订及使用规则限制说明，如是否限购、限时、限量，以及节假日不同使用日期是否需要有加价规则等（见图5-13）。

图 5-13　商品详情其他设置

4.商品首页推荐设置

点击“推荐”，产品会展示在前台的商品首位。应将民宿的主打核心产品推荐放在商城商品首位（见图5-14）。

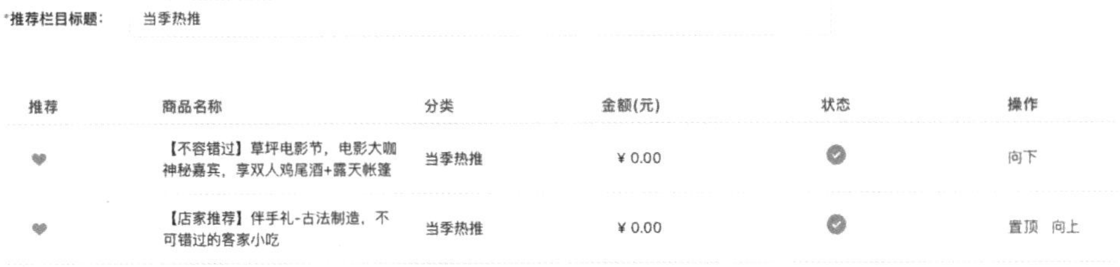

*推荐栏目标题：当季热推

推荐	商品名称	分类	金额(元)	状态	操作
❤	【不容错过】草坪电影节，电影大咖神秘嘉宾，享双人鸡尾酒+露天帐篷	当季热推	¥0.00	✔	向下
❤	【店家推荐】伴手礼-古法制造，不可错过的客家小吃	当季热推	¥0.00	✔	置顶 向上

图5-14 商品首页推荐设置

5.微信小程序商城展示

完成上述步骤设置后，微信小程序商城首页展示效果如图5-15所示。

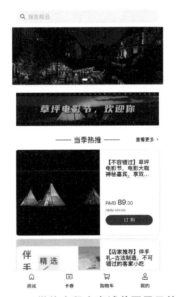

图5-15 微信小程序商城首页展示效果

任务三 民宿微信公众号的策划与搭建

在民宿业，客户转化需要一定的周期，因而需要和客户保持互动，培养客户对民宿主、民宿产品和服务的认知和认同，以便客户产生需求后优先选择。在与客户持续沟通和互动的过程中，选择合适的沟通工具，能够给客户带来便捷的沟通体验。

Note

鉴于微信在中国市场的高普及率，微信公众平台已经成为许多民宿必不可少的对客沟通和服务平台。学习掌握微信公众号的策划与搭建，是帮助民宿构建数字化营销能力的有效工具和手段。

课堂讨论

如下所示，请判断出微信中的账号类型及对应功能介绍，并完成连线。

账号类型	功能介绍
订阅号	面向企业级市场的产品，是一个基础办公沟通工具，专门提供给企业使用的IM产品(适用于企业、政府、事业单位或其他组织)
服务号	主要偏向服务、可互动，认证前后都是每个月可群发4条消息(不适用于个人)
企业微信	是一种新的开放能力，它可以在微信内被便捷地获取和传播，同时具有出色的使用体验
	主要偏向为用户传达资讯，认证前后都是每天只可以群发一条消息(适用于个人和组织)
小程序	如果希望通过公众号获取更多功能，如开通微信支付，可以选择
	如果希望发送简单的消息，达到宣传效果，可以选择

一、微信菜单栏的搭建

（一）了解微信公众平台

微信作为主流的社交媒体沟通互动平台，对于个人而言，更多地用于日常沟通与交流，对于企业或自媒体而言，微信公众平台是搭建企业和用户之间非常好的桥梁。微信公众平台包括服务号、订阅号、小程序和企业微信等账号类型（见图5-16）。

图5-16　微信公众平台：服务号、订阅号、小程序和企业微信

1. 服务号

服务号可以为企业和组织提供更强大的业务服务与用户管理能力，适用人群包括媒体、企业、政府或其他组织，主要功能偏向服务类交互，群发消息。

2. 订阅号

订阅号是为媒体和个人提供一种新的信息传播方式，适用人群包括个人、媒体、企业、政府或其他组织，主要功能是在微信侧给用户传递资讯（功能类似报纸、杂志，提供新闻信息或娱乐趣事），群发消息。

3. 小程序

小程序是一种无须安装或下载即可使用的应用，实现了应用"触手可及"和"用完即走"的体验，用户只需要在微信中搜索或者调用"扫一扫"功能，即可找到和打开小程序，便捷地获取服务。

4. 企业微信

企业微信是企业的专业办公管理工具。与微信一致的沟通体验，可提供丰富免费的办公应用，并与微信消息、小程序、微信支付等互通，助力企业高效办公和管理。

（二）了解微信公众号

微信公众号是微信订阅号和微信服务号的统称，是企业开展市场营销和客户服务的基础工具，起着信息展示、产品预订、客户服务、客户互动等作用。企业选择哪种账号类型应根据其功能和自身业务需要而定。在民宿的直销工具中，对客互动和沟通以微信服务号为主。之所以使用服务号而不用订阅号，是因为订阅号是定位于资讯传播，主要应用场景是为用户提供有价值的信息，而服务号是定位于客户服务，以为民宿客户提供服务为主要目的。通过微信公众平台与用户进行沟通的方式有很多，包括群发消息、自动回复消息、微信消息、小程序订阅消息等。

微信公众号的管理系统分为原生管理平台和第三方管理平台。由微信提供的官方管理后台可以称为"原生管理平台"。原生管理平台所提供的功能是满足使用企业通用型的需求，但对于个性化需求就很难一一满足。不同的行业、不同的企业都有不同的应用场景和需求，因此，微信提供接口，允许拥有技术开发能力的第三方来开发更多的应用功能。

第三方开发者会根据微信公众平台提供的API接口进行定制化功能的开发，并由第三方管理平台接管微信原生管理平台的所有功能。接管的目的是基于用户体验考虑，因为让用户同时登录两个管理系统去管理同一个微信公众平台会非常不方便。

民宿可以结合自身的运营情况，选择使用原生管理平台或第三方开发授权的微信管理平台。

1. 微信菜单栏搭建

微信公众平台的菜单栏是与客户互动的重要工具。一个公众号可以设置多个菜单栏，每个菜单栏可以分别设置子菜单。微信公众号的菜单栏可以设置成各个页面或者小程序的入口。公众号的菜单栏结构并没有统一标准，而是需要从用户需求的角度和民宿营销的目的出发，充分考虑客户的使用和浏览体验，合理布局公众号的栏目结构。

不同民宿，其定位、产品和服务、营销目的不同，相应的公众号的自定义菜单结构也不相同，并且会根据民宿的营销活动、节事安排而进行动态调整。以民宿为例，客人访问微信的动机通常包括以下几个。

（1）了解民宿及民宿主，查看往期民宿分享。

（2）了解民宿优惠和近期活动。

（3）对比民宿价格。

（4）了解民宿周边信息。

（5）服务请求和问题咨询等。

如图 5-17 所示，一家主题为"独立在时光外 感受生活美好"的民宿，菜单栏设置分为三个部分：现实之中、时间之外、遇见你。其中，"现实之中"的二级菜单为住客评价、订房须知及常见问题，很好地反映客人在入住过程中会实际发生的问题与解决方案；"时间之外"是民宿的房型特色说明介绍以及预订入口；"遇见你"则为民宿的基本介绍、联系和导航。

图 5-17　民宿微信菜单栏案例分享（一）

如图 5-18 所示，通过"民宿拓展"菜单栏，客人点击后接收到一条民宿活动的详细图文介绍。

因此，在进行微信公众号栏目策划的时候，需要考虑民宿用户群体的整体解决方案，对于反映民宿特色、差异化的部分，要有策略性地分配多一些栏目或者落地页。比如，民宿主打"康养"，在菜单或落地页设置中要有"康养之旅""健康养生""康养食疗"等与之相关的内容。

图 5-18 民宿微信菜单栏案例分享(二)

2. 微信菜单互动方式

微信公众号菜单栏互动方式支持发送消息、跳转网页及跳转小程序三种消息类型，如图 5-19 所示。

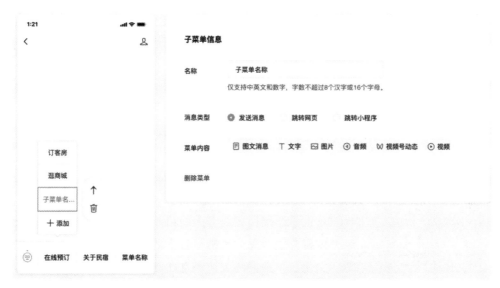

图 5-19 微信公众号后台菜单栏设计截图

1) 发送消息

发送消息支持图文消息、文字、图片、音频、视频号动态及视频。当"关于民宿"菜单设置为发送图文消息时，客人点击当前菜单，在微信公众号中就会收到一条预先设置好的关于民宿介绍的图文消息。

2) 跳转网页

跳转网页，即可以通过输入自定义的网页地址，实现客人点击菜单栏时跳转到相应的网站中。

3) 跳转小程序

跳转小程序，即可以通过设置与当前公众号关联的小程序，实现客人点击菜单栏时自动唤起小程序。民宿的"订客房"和"逛商城"都在小程序中完成产品的设置，菜单栏关联后，客人点击可直接进入预订和流程相关产品。

二、微信公众平台消息互动设计

在数字化时代,"内容"在消费者旅程中会比线下的民宿主及员工有更多机会接触和影响客户。在客户关系互动管理的每一个步骤中,内容营销都是非常重要的。恰到好处的内容能够培养客户的信任感,加强民宿产品和服务的说服力,从而促进潜在客户决策,提升转化率。微信公众平台可以通过多种不同的消息互动,实现企业的内容营销。

(一)微信公众平台自动回复消息

微信公众号常用的自动回复消息有被关注的回复、关键字自动回复等。公众号运营者可以设定常用的文字、图片、图文消息语音、视频作为回复消息,并制定自动回复的规则。当订阅用户的行为符合自动回复规则的时候,就会收到自动回复的消息。

1. 被关注自动回复

被关注回复,是指当用户首次关注微信公众号时,会自动推送的一条消息,这条消息支持文本、图片、语音及视频的类型。如图 5-20 所示,如果一家民宿在微信公众平台设置添加被关注自动回复后,用户在关注该民宿的公众号时,会自动发送民宿设置的内容给用户,设置的回复内容可根据需要进行修改或删除。关注回复消息也是连接民宿与客人的第一道桥梁,因此,消息设置需要考虑消息的风格是否生动有趣,是否贴合民宿特色文化。一条好的关注消息能够帮助客人停留在公众号并进行持续友好的互动。

另外,经过认证的微信公众号可以通过对接第三方工具或平台,根据用户的请求动作进行多种方式的消息回复,如微信模板消息、微信图文消息、微信文本消息和微信图片消息。用户的请求动作包括关注、对话、扫码等。

微信图文消息回复是为认证公众号运营者提供的内容推送功能,内容以"标题+小图片+短描述"的方式通知用户。

微信文本消息是为公众号运营者提供的内容推送功能,内容以文字的方式通知用户。

微信图片消息是为公众号运营者提供的内容推送功能,内容以单张图片的方式通知用户。

图 5-20 某民宿关注回复消息案例分享

1）微信模板消息

微信模板消息是微信为认证的服务号运营者提供的消息推送功能，消息以固定格式的模板通知用户。模板消息仅用于公众号向用户发送重要的服务通知，只能用于符合其要求的服务场景中，如信用卡刷卡通知、商品购买成功通知等，不支持广告等营销类消息以及其他所有可能对用户造成骚扰的消息。

以下为几种常用的消息回复类型的设置要求。

2）微信图文消息（见图5-21）

标题（必填项）：不能空着，长度不超过64个字（不支持换行以及设置字体大小）。

摘要：在编辑单图文消息时，可以选填摘要内容，不能超过120个汉字或字符；在填写摘要后用户收到的图文消息封面会显示摘要内容。

图片：大小在5M以内，支持上传bmp、png、jpeg、jpg、gif格式的图片。

图5-21 微信图文消息

3）微信文本消息

文字群发字数为300字，群发文字消息不支持外链的识别和跳转，如需添加链接，可以通过文字群发模块中的超链接和小程序入口添加链接。运营者可以使用超链接添加公众号群发文章链接，用小程序入口添加小程序链接替代外链。

文字消息新增落地页，客户端点击文字消息卡片，可跳转至落地页，支持分享、留言、在看。

4）微信图片消息

图片：大小在5M以内，支持上传bmp、png、jpeg、jpg、gif格式的图片。

图5-22为目前提供民宿预订的第三方预订平台的关注后消息回复。其中，小猪民宿回复的是文本消息；爱彼迎回复的是文本消息及微信模板消息（点击可链接到小程序），途家回复的则是文本消息及微信小程序卡片（点击可链接到小程序）。可见，关注后设置的消息回复，常用的是通过文本消息与用户进行链接与问候，且关注消息回复可以设置多条回复内容，无论用哪种消息回复，目标都是引导用户可以通过点击跳转，到相关落地页中继续浏览商品，实现预订及用户转化。

图 5-22　各平台(小猪民宿、爱彼迎、途家)微信关注消息回复

2. 关键字自动回复

关键字自动回复，是指公众号运营者可以通过预先设置一些用户常用词作为关键字，当用户在微信公众号发送的内容包含预先设置的关键字时，会自动为用户推送消息。民宿可以通过设置与民宿自身信息和客房产品相关内容作为关键字。例如，"预订"，推送民宿的预订链接或电话，"地址"推送民宿的地理位置，"好玩"推送民宿的游玩推荐及相关预订入口、商城入口，"活动"推送民宿即将开展或过去开展可分享的活动信息等。

关键字设置精准，匹配用户需求，对提高用户满意度及让用户了解民宿具有重要帮助。例如，"感谢您的留言，有什么可以帮助您？①客房预订；②限时优惠；③了解民宿"。

(二)小程序订阅消息

小程序作为基于微信"即用即走"场景的工具，消息能力是小程序能力中的重要组成，也是为用户提供后续服务的重要连接入口，用于解决用户使用小程序后，后续服务环节的通知问题。当用户订阅了小程序之后，民宿就可以向用户推送订阅消息，用户点击订阅消息可直接跳转小程序详情界面。如当用户在小程序商城下单购买民宿产品，可以设置给下单客人推送成功预订的通知及民宿的游玩资讯消息等。

小程序订阅消息推送位置汇集在微信的"服务通知"中，发送的条件是用户在使用小程序的过程中自主进行订阅，点击查看详情就可跳转至该小程序的页面。

小程序订阅消息类型包括一次性订阅消息、长期性订阅消息和设备订阅消息三种。

1. 一次性订阅消息

一次性订阅消息用于解决用户使用小程序后，后续服务环节的通知问题。用户自主订阅后，小程序可不限时间地下发一条对应的服务消息，每条消息可单独订阅或退订。如点餐后下单成功通知、用餐评价提醒或下单后的订单通知等。

一次性订阅消息可满足小程序的大部分服务场景需求，但线下公共服务领域存在一次性订阅无法满足的场景，如航班延误，需要根据航班实时动态来多次发送消息提醒。

2. 长期性订阅消息

为便于服务，微信小程序还提供了长期性订阅消息。用户订阅一次后，开发者可长期下发多条消息。

目前，长期性订阅消息仅向政务民生、医疗、交通、金融、教育等线下公共服务开放，后期将逐步支持到其他线下公共服务业务。

3. 设备订阅消息

设备订阅消息是一种特殊类型的订阅消息，它属于长期性订阅消息类型，且需要完成"设备接入"才能使用。设备订阅消息用于在设备触发某些需要人工介入的事件时（如设备发生故障、设备耗材不足等），向用户发送消息通知。

更详细具体的微信规则可通过微信公众平台及微信官网文档等进一步学习和了解。

三、内容营销策略

在民宿主与客户互动管理的每一个步骤中，内容营销都是非常重要的。优质的内容可以帮助民宿更好地接触和连接客户，对于成功连接的潜在客户，则需要借助于内容营销对客户持续培育，让客户感受到民宿的特色与民宿主的魅力，从而促进潜在客户决策，提升转化率。

内容营销能够准确传递民宿的特色和价值，通过发布有价值的内容，为客户提供额外的价值，增强他们对民宿的信任和忠诚度。同时，优质的内容营销也有助于提升民宿在搜索引擎中的排名，增加曝光率，从而吸引更多的新客户。总体而言，开展内容营销是提升民宿业务的有效方式，不仅能提高品牌知名度、吸引和保留客户，通过分享有价值的信息，还能建立与客户之间的长期关系。

（一）内容营销策划的方法

恰当的内容营销策略是要根据所定位的目标客户群去挖掘客户的需求，创造与民宿文化、自身品牌和产品相关的话题，并采取合适的内容呈现方式，包括但不限于文案、图片、视频、直播、知识分享等，在对的时间通过对的工具向对的客户传递对的内容。内容营销的目的是不断与客户保持互动，让客户持续感知企业产品和服务的价值，为最终实现成交转化创造条件。

内容营销的策略实质上也是说服潜在客户的策略，可以结合以下几个方面进行创意设计。

1. 名人效应

名人效应，即通过在某领域具有代表性的人物、名人的体验分享，去影响他们背后的支持者。

2. 稀缺性原理

稀缺性原理，即通过内容让客户感受到产品服务的稀有或紧缺性，促使客户立即行动。

3. 故事性

故事性，即挖掘和民宿自身或当地文化相关的好听的、有趣的或者"有温度"的故事，让客户产生分享的动力。

4. 参与性

参与性，即创造和策划的内容能让客户有一起参与的机会。

5. 多媒体形式

多媒体形式，即有文字、图片、视频等多种呈现方式。

（二）落地页

落地页也叫着陆页（Landing Page），是客户点击软文链接或菜单广告进入的第一个页面，是连接内容和产品的载体，起着承接流量、获取销售线索、实现交易转化的关键作用，这个页面通常是用来实现特定的营销目标，如产品的销售、服务的提供以及获取潜在用户的联系方式等，是营销是否成功的核心环节之一。民宿可以通过微信公众号的菜单、文本、图文消息等链接，引导客户到落地页的方式，实现让用户停留浏览，最终达到购买产品的目的。每一次营销的开始都是接触，都是通过研究人与人之间、人与物之间的接触，来提升后续营销的效率和成功率。因此，落地页的视觉效果是否吸引人、产品是否吸引人，以及是否有明确的下单指引，是能否留住客户并形成转化的关键。

落地页是将企业品牌、产品和服务与（潜在）客户连接的载体，相当于企业在互联网络中的销售代表。学者杨飞（2018）认为，对于数字广告而言，落地页是数字广告转化的第一生产力。因此，民宿必须高度重视落地页的设计，但落地页又不仅仅是艺术设计，关键是营销获客和订单转换的作用。

所以，落地页在设计和制作方面要给客户留下良好的第一印象并有说服力，就需要能够回答客户关心的如下五个问题（见图5-23）。

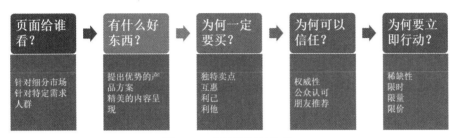

图5-23 落地页设计流程

1. 页面给谁看？

页面给谁看？即落地页作为网络世界中的"销售代表"，不可能同时面对所有的客户，因此一个落地页只是服务某一客群。

2. 有什么好东西？

有什么好东西？即落地页要突出优势的产品和服务内容，并在内容呈现方面重视用户体验。一般而言，视频体验效果好于图片，图片好于文字。落地页可以根据需要采用文字、图片和视频相结合的方式进行设计，如有的民宿主打冬季雪景，可以在冬季下雪时拍摄具有民宿特色的视频，配上介绍和音乐，作为民宿简介的落地页。

3. 为何一定要买？

为何一定要买？即落地页需要阐述独特的销售卖点，获得什么具体的利益并强调和竞争对手之间的差异化优势。此外，落地页还可以阐述对访问者本人或者对访问者亲朋好友的价值。产品描述上要明确说明功能、性能、价格、体验价值或者带来的荣誉，如针对浏览或分享页面的客户可以领取民宿预订的优惠券等。

4. 为何可以信任？

为何可以信任？即访问者需要看到落地页上推广的产品价值得到证明，为自己购买找到佐证。比如，页面上放上他人评价，或者标明受欢迎、好评程度；页面上加上名人或者专家的意见或推荐，浏览者会偏向参考相信名人或者专家的意见；在落地页放上成功案例，展示民宿的服务过程，展示民宿获得的荣誉和民宿的信誉都是比较好的获取客户信任的方法。

5. 为何要立即行动?

为何要立即行动?即落地页是产品和购买的连接点,因此要在落地页上呼吁访问者立即行动(Call To Action,CTA),也称为"行为号召"。通过CTA,直接告诉客户希望他们干什么。可以强调稀缺性、限量、限价或限时。

另外,在落地页设计的时候,行为号召在页面上的设计风格和放置位置非常重要。行为号召在页面上的体现形式通常是突出醒目的按钮图标,可以使用动词和祈使句,用对比色和色彩变化强调行动号召的紧迫性。行动号召的位置包括首屏号召、中部号召和尾部号召。行为号召在首屏,就要开门见山地告诉客户希望他们干什么;中部号召要根据页面具体内容,请求客户进一步互动,以实现阶段性目标;尾部号召是为完整浏览页面的客户准备的。长页面要适当增加行动号召数量,避免使用弹窗。

(三)数字化营销的法律法规

在为民宿创作内容开展数字化营销的过程中,还需要特别注意相关法律法规的问题。其中常见的就是知识产权问题。知识产权也称为知识所属权,是权利人对自己智力活动创造的成果和经营活动中的标记和信誉所依法享有的权利,主要包括著作权、专利权和商标权。民宿在制作对外推广的产品内容时,需要特别留意相关文字、图片、视频音频等是否有侵权行为。所使用的文字字体是否允许商用,是否使用了极限词,网络下载的资源图片是否经过所有者许可等。与之相关的法律有《中华人民共和国广告法》《中华人民共和国电子商务法》《中华人民共和国网络安全法》《中华人民共和国民法典》等。因此,民宿营销人员必须了解和遵守相关的法律和法规,避免为民宿经营带来违法的风险。

四、微信公众平台的搭建

(一)任务说明

某民宿希望通过线上自有渠道宣传和推广民宿,让更多人了解民宿。因此,民宿主在申请了微信公众号后,需要为当前公众号创建微信菜单及用户关注后的消息回复。

(二)流程图

微信公众平台搭建流程图如图5-24所示。

微信公众号菜单栏目设置 → 微信自动回复消息设置 → 微信关键词设置

图5-24 微信公众平台搭建流程图

(三)任务工具

1. 微信营销管理系统

微信营销管理系统用于微信菜单栏的搭建与互动内容的设置。

2. 微信公众号/微信小程序

在设置商城后,可通过模拟的微信公众号或微信小程序进行查看。

(四)关键步骤

1. 微信公众号菜单栏设置

微信公众号菜单栏设置如图 5-25、图 5-26 所示。

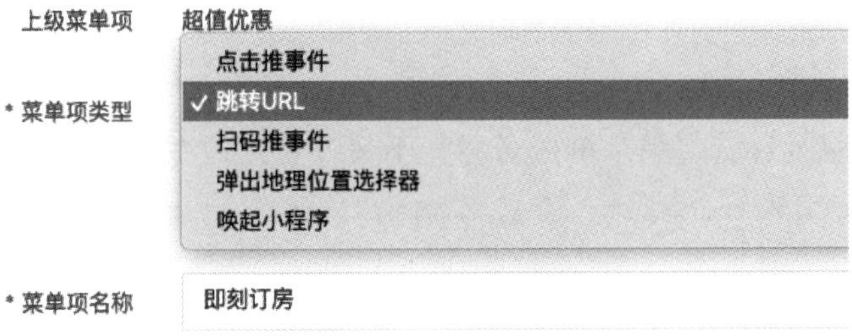

图 5-25 菜单项类型:跳转 URL

图 5-26 微信二级菜单设置

1）上级菜单项

设置微信一级菜单栏。

2）菜单项类型

设置微信二级菜单栏与内容关联，包括设置二级菜单栏名称、菜单栏与内容关联。菜单项类型可设置推送图文、文本消息，然后跳转URL（如小程序链接）等。

点击推事件：当用户点击菜单栏，微信公众号会推送一条信息。

跳转URL：当用户点击菜单栏，自动跳转到设置好的网页中。

扫码推事件：与"点击推事件"类似，当用户点击菜单栏，唤起微信扫码功能，用户扫码后在公众号收到一条推送。

弹出地理位置选择器：当用户点击菜单栏，唤起微信发送地理位置功能，用户点击地理位置给公众号发送定位。

唤起小程序：当用户点击菜单栏，自动跳转到设置好的小程序中。

3）菜单项名称

菜单项名称即当前二级菜单栏名称，不超过特定的中文字符，不允许使用表情、图像。

2. 菜单发布

根据选择的菜单项类型，录入对应具体跳转地址或消息。

3. 设置回复消息内容

设置回复消息内容一般包括回复消息类型、消息分类设置。

消息类型：支持文本消息、图文消息、语音消息、视频消息、音乐消息、图文消息、图文素材等发送方式，支持转人工服务，如图5-27所示。

消息分类：分为通知类等。

其中，消息内容可以根据选择消息类型进行录入。消息回复支持通过变量方式嵌入消息中，不同的用户在变量中会显示不同。例如，微信用户昵称为变量"${nickname}"，消息内容设置为"亲爱的${nickname}，终于等到你"，当用户"小A"授权了微信获取其账号昵称，且小A在互动过程中触发当前消息，就会收到微信消息"亲爱的小A，终于等到你"，如图5-28所示。

图 5-27 消息类型设置

图 5-28 回复消息内容设置

4. 设置关注后回复消息内容

设置关注后回复消息内容如图 5-29 所示。

图 5-29 微信回复消息关联

支持从已设置的互动消息中选择一条消息作为"关注事件回复"：当用户关注后，收到当前设置的消息。

支持从已设置的互动消息中选择一条消息作为"无匹配消息回复"：当用户在公众号发送文字信息等内容，且发送内容不是已设置的关键字时，自动回复当前消息。

(五)微信关键词设置

微信关键词设置包括关键词分类、匹配后回复消息等，如图 5-30 所示。

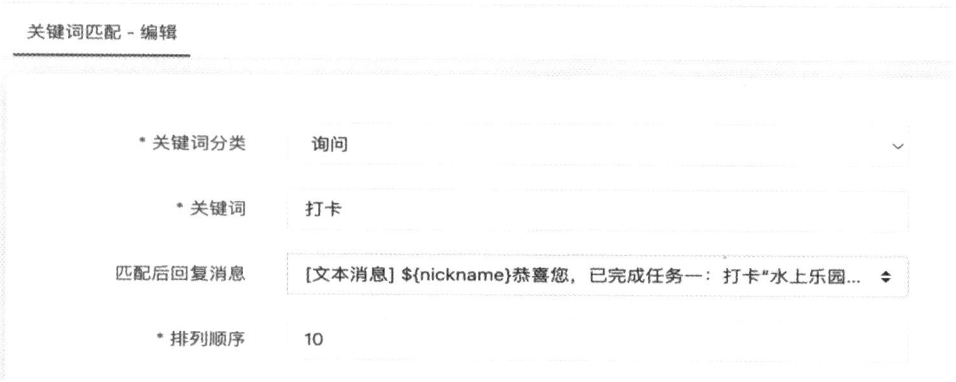

[图：关键词匹配-编辑界面]

图5-30 微信关键词设置

实战训练

以学生团队作为活动单位,安排学生以当地的一家民宿为调研对象,了解民宿当前是否有设置微信公众号,并结合当地文化与调研的民宿特色,为该民宿进行搭建微信公众号策划,输出"民宿微信公众号策划方案"的Word文档,策划方案需要包括微信菜单栏、关注后自动回复消息及关键字三个模块的策划思路及具体内容。

项目小结

民宿并没有严格规范的分类划分方式,与之对应的民宿产品也是多种多样。如何在同质化严重的一众民宿中挖掘自身民宿的独特卖点,需要根据不同民宿的类别特征进行分析,挖掘用户的敏感点及需求。

民宿与酒店、公寓等标准住宿机构相比,优势在于非标准化、个性化的住宿环境和服务,通常围绕家庭成员、朋友等关系作为主要生产载体。所以,民宿主的人文情怀和人文素养往往成为关键资源的核心要素,民宿就是传递民宿主价值观最好载体。因此,在民宿产品设计中,硬件是基础,软件是体验,核心是主人服务文化与魅力。针对民宿产品的设计,需要融入民宿特色,设计以"住宿+旅行+幸福体验"为核心的产品,针对住宿产品、衍生产品及整合产品进行整合打包。

民宿在进行产品设计的同时需要考虑销售推广渠道。民宿主应该结合互联网数字营销平台,构建线上线下的销售渠道,依托网络营销和口碑营销,为民宿带来持续正向的影响。

客房作为民宿的主要的盈利产品,在开展包价产品设计时,首先需要了解如何设计客房包价产品。客房包价产品是以客房为核心产品,突出民宿房型及民宿主的卖点特色,辅以当地文化特有的其他产品,如周边游等产品和服务组合而成。确认包价产品的沟通和内容后,就需要针对包价产品进行信息采编。

借助于微信公众平台的社交功能,微商城可以作为民宿开展"社交电商"的重要平台,使商城成为面向全体用户服务的工具。可以说,微商城让用户价值转化为真实的传播价值和商业价值。在线商城的结构包括商品品类以及每一个品类下的商品。合理的商品品类以及商品组合有助于在线商城的成功运营。在线商城的搭建需要对商品目录及商品内容进行策划。

微信作为主流的社交媒体沟通互动平台,对于个人而言,更多地用于日常沟通与交流。对于企业或自媒体而言,微信公众平台是搭建企业和用户之间非常好的桥梁。微信公众号是微信订阅号和微信服务号的统称,是企业开展市场营销和客户服务的基础工具,起着信息展示、产品预订、客户服务、客户互动等作用。企业选择哪种账号类型应根据其功能和自身业务需要而定。在民宿的直销工具中,对客互动和沟通以微信服务号为主。

微信公众平台的菜单栏是与客户互动的重要工具。公众号的菜单栏结构并没有统一标准,而是需要从用户需求的角度和民宿营销的目的出发,充分考虑客户的使用和浏览体验,合理布局公众号的栏目结构。

在数字化时代,"内容"在消费者旅程中会比线下的民宿主及员工有更多机会接触和影响客户。在客户关系互动管理的每一个步骤中,内容营销都是非常重要的。恰到好处的内容能够培养客户的信任感,加强民宿产品和服务的说服力,从而促进潜在客户决策,提升转化率。微信公众平台可以通过多种不同的消息互动,实现企业的内容营销。优质的内容可以帮助民宿更好地接触和连接客户,对于成功连接的潜在客户,则需要借助于内容营销对客户持续培育,让客户感受到民宿的特色与民宿主的个人魅力,从而促进潜在客户决策,提升转化率。在为民宿创作内容开展数字化营销的过程中,还需要特别注意相关法律法规的问题。

课后训练

1. 民宿产品设计需要考虑什么产品?
2. 在线商城策划包括哪些内容?
3. 商品内容策划的重点包含什么?
4. 常用的微信互动消息有哪几类?

参考文献
References

[1] 赵立坤.营销定位理论的应用模式浅析[J].技术与市场,2019(7).

[2] 兆婷婷.基于营销组合理论的博物馆文化创意产品营销策略研究[D].大连:大连外国语大学,2022.

[3] 魏凯骏.数字化时代A酒店营销策略优化研究[D].上海:华东师范大学,2022.

[4] 邓溱薇.数字营销人才能力模型构建研究[D].杭州:浙江工商大学,2022.

[5] Sharmin.未来数字营销——机遇与挑战[D].北京:华北电力大学(北京),2022.

[6] 汪京强,黄昕.旅游及酒店业数字营销[M].北京:高等教育出版社,2023.

[7] 邱利丹.信息技术驱动旅游服务产业发展[J].旅游与摄影,2022(4).

[8] 林梅.基于智慧旅游的平潭民宿营销路径研究[J].经济研究导刊,2021(24).

[9] 王春生.旅游大数据潮流下民宿信息化发展探讨[J].信息与电脑(理论版),2019(8).

[10] 计淑颖,邹光勇.基于网络点评的预订类酒店APP使用质量研究[J].旅游研究,2018(4).

[11] 肖红.微信公众号用户持续使用意愿的影响因素研究[D].重庆:西南大学,2016.

[12] 金兼斌,江苏佳,陈安繁,等.新媒体平台上的科学传播效果:基于微信公众号的研究[J].中国地质大学学报(社会科学版),2017(2).

[13] 张骁.自媒体的分类和发展路径研究[D].北京:北京印刷学院,

2015.

[14] 夏保国.社会化客户关系管理平台的用户依恋机制研究[D].武汉：华中科技大学出版社，2018.

[15] 王浩.面向社会化客户的客户网络模式研究[D].北京：北京邮电大学出版社，2012.

[16] 李桂鑫，张秋潮，林颖，等.电子商务实战基础：新媒体营销实战[M].北京：北京理工大学出版社，2019.

[17] 姚又豪.基于新媒体平台的乡村民宿产业营销策略研究——以常德桃花源民宿为例[D].张家界：吉首大学，2021.

[18] 秋叶，刘勇.新媒体营销概论[M].北京：人民邮电出版社，2017.

[19] 余敏，陈可，沈泽梅.营销策划[M].北京：北京理工大学出版社，2020.

[20] 常青，李广，吴自强.营销管理[M].成都：电子科技大学出版社，2019.

[21] 颜青.市场营销[M].北京：对外经济贸易大学出版社，2018.

[22] 中公教育优就业研究院.网络营销实战派：玩转新媒体营销[M].北京/西安：世界图书出版公司，2017.

[23] 李乐.电商背景下新媒体营销与管理研究[M].成都：电子科技大学出版社，2018.

[24] 林颖.电子商务实战基础——新媒体营销实战[M].北京：北京理工大学出版社，2018.

[25] 吴文智，凌新建，王丹丹.民宿概论[M].上海：上海交通大学出版社，2018.

[26] 许秀.企业诚信营销中的问题探讨[J].商情，2017(12).

[27] 蒋茜.营销活动的成本分析方法及其应用研究[D].南宁：广西大学，2006.

[28] 刘汉辉.韶关微智科技公司智能阅卷软件营销策略研究[D].长沙：湖南大学，2011.

[29] 马孝燕.江苏省体育赛事市场发展现状及对策研究[D].苏州：苏州大学，2014.

[30] 钟伟明.广州卷烟一厂市场营销策略研究[D].广州：华南理工大学，2000.

[31] 彭雷清.内容营销：新媒体时代如何提升用户转化率[M].北京：中国经济出版社，2018.

[32] 赖明明.内容营销[M].北京：中国传媒大学出版社，2017.

[33] 余敏，陈可，沈泽梅.营销策划[M].北京：北京理工大学出版社，2020.

[34] 韩英，李晨溪.市场营销学[M].郑州：河南科学技术出版社，2020.

[35] 马玲，张舰.市场营销学[M].北京：北京理工大学出版社，2016.

[36] 周承波，王思刚，张荣荣.现代新营销[M].济南：济南出版社，2020.

[37] 凯琳.一本书玩转社群营销[M].北京：华文出版社，2019.

[38] 秋叶，秦阳，陈慧敏.社群营销：方法、技巧与实践[M].2版.北京：机械工业出版社，2016.

[39] 武永梅.社群营销：方法技巧、案例分析、应用实战[M].天津：天津科学技术出版社，2017.

[40] 刘凤萍.伦理学视域下的共享单车问题探析[J].现代交际，2018(10).

[41] 刘甄.大众品牌进口汽车在中国的市场营销策略研究[D].北京：北京工业大学，2015.

[42] 朱冬林.大力开展营销创新，不断提高我国企业的营销能力[J].工业技术经济，2001(6).

[43] 陶键.图书馆社交媒体人设营销策略研究[J].图书馆工作与研究，2022(2).

[44] 文先军.基于平衡计分卡的经销商绩效优化研究——以M公司为例[D].北京：对外经济贸易大学，2021.

[45] 林海.差异化营销理念在电信套餐营销过程中的体现——以"e家套餐"营销为例[J].学理论，2012(23).

[46] 屈秋明.基层央行固定资产配置标准现状及问题[J].金融参考，2018(12).

[47] 朱玉洁.基于虚拟仪器的网络化电子实验系统的软件设计与实现[D].成都：电子科技大学，2013.

[48] 刘馨谣，段慧敏，马翔.在线旅游的发展现状及影响[J].当代旅游(高尔夫旅行)，2017(8).

[49] 于锦荣，叶树芳.基于消费者在线评论的旅游品牌真实性提升研究——以江西省为例[J].统计与管理，2021(12).

[50] 陈礼腾.在线旅游存猫腻 消费者如何避"坑"[J].计算机与网络，2021(19).

[51] 梅紫微，张晶婷.后疫情时代我国旅游业高质量发展对策研究[J].全国流通经济，2021(28).

[52] 邢苑.我国在线旅游企业发展策略研究——以携程为例[J].商讯，2021(19).

[53] 沈雪玲，曾文霆，顾婷婷，等.基于顾客满意度的在线旅游平台创新研究[J].江苏科技信息，2021(10).

[54] 刘敏.在线旅游企业网络营销发展现状与发展建议[J].营销界，2021(46).

[55] 胡伟利.消费者在线旅游服务订购意愿的影响研究[D].上海：上海工程技术大学，2020.

教学支持说明

为了改善教学效果,提高教材的使用效率,满足高校授课教师的教学需求,本套教材备有与纸质教材配套的教学课件和拓展资源(案例库、习题库等)。

为保证本教学课件及相关教学资料仅为教材使用者所得,我们将向使用本套教材的高校授课教师赠送教学课件或者相关教学资料,烦请授课教师通过加入酒店专家俱乐部QQ群或公众号等方式与我们联系,获取"电子资源申请表"文档并认真准确填写后发给我们,我们的联系方式如下:

地址:湖北省武汉市东湖新技术开发区华工科技园华工园六路

邮编:430223

酒店专家俱乐部QQ群号:710568959

群名称:酒店专家俱乐部
群　号:710568959

扫码关注
柚书公众号

教学课件资源申请表

填表时间：_____年___月___日

1. 以下内容请教师按实际情况写，★为必填项。
2. 根据个人情况如实填写，相关内容可以酌情调整提交。

★姓名		★性别	□男 □女	出生年月		★职务	
						★职称	□教授 □副教授 □讲师 □助教

★学校		★院/系	
★教研室		★专业	
★办公电话		家庭电话		★移动电话	
★E-mail（请填写清晰）				★QQ号/微信号	
★联系地址		★邮编	

★现在主授课程情况	学生人数	教材所属出版社	教材满意度
课程一			□满意 □一般 □不满意
课程二			□满意 □一般 □不满意
课程三			□满意 □一般 □不满意
其 他			□满意 □一般 □不满意

教材出版信息			
方向一		□准备写 □写作中 □已成稿 □已出版待修订 □有讲义		
方向二		□准备写 □写作中 □已成稿 □已出版待修订 □有讲义		
方向三		□准备写 □写作中 □已成稿 □已出版待修订 □有讲义		

　　请教师认真填写表格下列内容，提供索取课件配套教材的相关信息，我社根据每位教师填表信息的完整性、授课情况与索取课件的相关性，以及教材使用的情况赠送教材的配套课件及相关教学资源。

ISBN(书号)	书名	作者	索取课件简要说明	学生人数（如选作教材）
			□教学 □参考	
			□教学 □参考	

★您对与课件配套的纸质教材的意见和建议，希望提供哪些配套教学资源：